新时代
〈管理〉
新思维

未来的领导者

赢在下一个十年的
9种技能和思维

［美］雅各布·摩根（Jacob Morgan） 著

刘志江 刘子瑜 译

THE FUTURE
LEADER

9 SKILLS AND MINDSETS TO
SUCCEED IN THE NEXT DECADE

清华大学出版社
北 京

北京市版权局著作权合同登记号　图字：01-2021-5177

图书在版编目（CIP）数据

　　未来的领导者：赢在下一个十年的 9 种技能和思维 /(美) 雅各布·摩根 (Jacob Morgan) 著；刘志江，刘子瑜译 . —北京：清华大学出版社，2024.2
　　(新时代·管理新思维)
　　书名原文：The Future Leader: 9 Skills and Mindsets to Succeed in the Next Decade
　　ISBN 978-7-302-61002-1

　　Ⅰ . ①未…　Ⅱ . ①雅…②刘…③刘…　Ⅲ . ①企业领导学　Ⅳ . ① F272.91

　　中国版本图书馆 CIP 数据核字 (2022) 第 104692 号

责任编辑：刘　洋
封面设计：徐　超
版式设计：方加青
责任校对：宋玉莲
责任印制：宋　林

出版发行：清华大学出版社
　　　　　网　　　址：https://www.tup.com.cn，https://www.wqxuetang.com
　　　　　地　　　址：北京清华大学学研大厦 A 座　　　　　邮　　编：100084
　　　　　社 总 机：010-83470000　　　　　　　　　　　邮　　购：010-62786544
　　　　　投稿与读者服务：010-62776969，c-service@tup.tsinghua.edu.cn
　　　　　质 量 反 馈：010-62772015，zhiliang@tup.tsinghua.edu.cn
印 装 者：三河市东方印刷有限公司
经　　销：全国新华书店
开　　本：170mm×240mm　　　印　　张：15　　　字　　数：229 千字
版　　次：2024 年 4 月第 1 版　　　印　　次：2024 年 4 月第 1 次印刷
定　　价：88.00 元

产品编号：089525-01

内 容 简 介

在下一个十年，我们该如何做才能在瞬息万变的职场竞争中占得先机、赢得未来呢？

本书作者雅各布·摩根（Jacob Morgan）采访了 140 多位 CEO，调研了将近 1.4 万名员工，以确定未来十年企业将要面对的重要趋势和挑战。他提出的四种思维模式和五种技能阐释了企业领导者应该采取的态度。这勾勒出通向成功的康庄大道，为了在未来更有成效，领导者必须现在就做好充分准备。

雅各布·摩根是全球公认的"未来工作与未来领导力"领域的思想领袖，他也是 Chess 传媒集团的负责人和联合创始人。他曾供职于西夫韦、西门子、劳氏、富兰克林邓普顿投资集团等诸多知名企业，拥有丰富的管理经验和实践经验，曾出版过《工作的未来》《员工体验优势》《合作型组织》等著作。

本书通俗易懂，案例生动翔实，观点新颖，启人深思。对于那些热爱生活、追求梦想、遭遇过现实的打击却依然敢于迎难而上以及勇于在绝望中寻找希望的人们，本书都将是不二之选。此外，本书也可以作为高等院校工商管理等相关专业师生的学习参考书，特别适合 EMBA、MBA 及高等管理的学员们选用。

致我的父母、大卫和艾拉，你们一直是我的灯塔，引领着我不断前进。致我的妻子布莱克，有了你的爱、支持和鼓励，我才能有所成就。

译 者 致 谢

本书的翻译要感谢国家自然科学基金重点项目"组织平台化转型适应理论构建及其管理策略研究"（72132009）、国家社科基金一般项目"基于众创空间网络嵌入的动态用户创业模式及其绩效机制研究"（20BGL055）、"物联网大数据驱动的智慧旅游服务价值共创机理与实证研究"（20BGL155），广西高校人文社会科学重点研究基地——珠江西江经济带发展研究院一般项目"数字化背景下教练型与同伴型领导对下属行为与态度的影响研究"（ZX2020008）的支持。

十分感谢国内和谐领导力专家、阳光心态学说创始人、清华大学经管学院博士生导师吴维库教授的悉心指导。吴教授一生勤勉、诲人不倦又淡泊名利的精神将永远激励着我们不断前行。

推 荐 语

《未来的领导者》不只是一本书，它向我们呈现了优秀领导力的蓝图。鉴于其独到的研究，本书是领导者和有志成为领导者的人们必不可少的读物。

——乔恩·戈登，畅销书《积极领导的力量》作者

你想和世界顶尖企业的领导者同坐，问问到底是什么造就了优秀领导者吗？你想汲取实战积累的智慧吗？本书作者雅各布·摩根有机会了解这些智慧，这让人无比羡慕。现在，他将其与我们分享。据我所知，本书是关于 21 世纪领导力的最佳指南之一。

——迈克尔·邦吉·斯坦尼尔，《华尔街日报》畅销书《养成习惯》作者

雅各布·摩根的书给领导力的未来提供了一个引人注目的视角，即领导者将面临的挑战以及克服这些挑战所需的思维和技能。你想成为为未来做好准备的领导者吗？那么你需要这本书！

——霍斯特·舒尔兹，丽思－卡尔顿酒店集团创始人兼首席执行官

《未来的领导者》以全新且独到的视角讨论了领导力这个永恒的话题。此书结合确凿的数据和广泛的调研，向我们呈现了世界顶级商界领导者们的深刻见解。此书将帮助读者更好地理解如何激励团队，以及成为一名领导者真正意味着什么。

——芭芭拉·汉普顿，西门子美国公司首席执行官

此书眼光独特、内容新颖，它用实实在在的数据向我们讲述了世界顶级商界领导者们的精辟见解。读完《未来的领导者》，你对于领导力以及领导者的定位必然会有新的理解，这是一本真正的必读之书！

——加里·里奇，WD-40 公司首席执行官

对于任何一位想要对其企业乃至世界产生积极影响力的人来说，《未来的领导者》都是一种宝贵的可利用资源。

——梅纳德·韦伯，著作入选《纽约时报》畅销书排行榜，雅虎前董事会主席，Salesforce 和 Visa 董事会成员，韦伯投资网络创始人

终于能有一本书着眼于领导力的未来及其必需要素，《未来的领导者》能为所有企业提供精彩且独到的见解。

——奈杰尔·特拉维斯，当肯品牌和棒约翰比萨连锁品牌的前首席执行官，挑战咨询有限责任公司负责人

基于对全球 140 位 CEO 的采访调研，此书是领导力领域的杰作。雅各布·摩根促使我们思考领导力的现状以及未来领导力的方向。

——L. 大卫·马奎特，畅销书《你就是舰长》作者

雅各布在众多卓有成效的领导者中进行了广泛调研，以了解未来的成功领导者特质。本书有助于你成为未来的成功领导者。

——约翰·文惠岑，Ace 硬件公司首席执行官

阅读此书的重要性不言而喻。职场瞬息万变，市场需要大量新型领导者引领企业走向未来。本书可以助你发挥最大潜能，成为优秀的未来领导者。

——阿诺德·唐纳德，嘉年华公司首席执行官

雅各布撰写此书的目的在于帮助读者理解领导力是如何变化的，为什么会发生变化，以及你需要为此做些什么。《未来的领导者》能激励你重新思考领导力在过去意味着什么，以及成功引领未来所需的技能和思维。

——大卫·亨斯霍尔，美国思杰公司总裁兼首席执行官

《未来的领导者》一书极富洞察力，且实操性强。我能从此书中窥见自己每天工作中面临的挑战和机遇，绝对值得一读。

——布拉德·雅各布斯，XPO 物流公司董事长兼首席执行官

雅各布深入研究了一些大品牌领导者如何看待自身的角色，更为重要的是，他们的行为如何影响他们的员工及其周围的世界。这本书为今日的领导者提供了一个向同龄人学习的机会，也为下一代领导者提供了从我们的成败经验中学习的机会。

——米歇尔·库姆斯，斯普林特公司总裁兼首席执行官

想知道如何成为一个卓越的领导者吗？不妨读一读雅各布·摩根的书！

——格哈德·泽勒，华纳媒体首席营收官

身为领导者是一种巨大的荣誉和责任。你应该为自己和你的员工，努力成为最优秀的领导者。你可以从阅读《未来的领导者》开始，将其中所探索的想法付诸实践。本书绝对值得一读！

——大卫·诺瓦克，oGoLead 首席执行官，联合创始人，退休董事长，
百胜首席执行官

今天的企业领导人并非从零开始。他们从前人的集体经验中摸索和实践领导力，并运用前人的智慧来推动转型、建立市场和发展品牌。雅各布·摩根的新书阐述了这些远见卓识和宝贵经验。

——迈克尔·尼兰，联合租赁公司董事会主席

《未来的领导者》不同于主流领导力书籍（其中的一些管理实践在 30 年前就不起作用了），它是基于真实工作中的全球宏观经济学，内容有理有据。因而此书对领导力、团队构建以及人类发展做出了必要而杰出的重大贡献。

——吉姆·克利夫顿，盖洛普董事长兼首席执行官

前　　言

几千年前，水手和探险家们驶入未知水域，要寻回来路或找到目的地的唯一方法，就是找参照物，如白天找一堆石头，夜晚则朝着火光走。这些参照物不仅指引水手顺利到达目的地，还能发出预警，避免沉船。可能世上最著名的灯塔要数世界七大奇迹之一的亚历山大灯塔。它建于公元前 3 世纪，据说高度超过 137 米，屹立 1500 年后，毁于地震。

纵观历史，灯塔就像指向标，指引着我们驶向目的地，同时帮助我们避开种种危险。我将现在和未来的领导者视为灯塔，他们指引员工和企业驶向成功，同时避开危险重重的石滩。

伟大的领导者改变世界，或者更恰当的说法是，伟大的领导者塑造世界。他们设计出我们日常生活和工作所需的产品和服务；他们创办公司，提供工作岗位，员工得以养家糊口；他们为社会事业而斗争，反对不公，帮助世界变得更加美好；他们投身慈善事业，支持非营利组织；他们创建企业文化，规范员工的态度和行为，塑造了我们之所以为人的价值。他们身担重任，却也大权在握。

为了创造理想的工作和生活环境，需要确保现在，尤其是未来，我们有合适的领导者。在本书中其主要指商界的领导者，但也适用于任何个人或组织。然而，由于职场瞬息万变，合适的领导者难觅，老路子在未来行不通。加拿大冰球运动员韦恩·格雷茨基（Wayne Gretzky）曾说："我会往冰球即将出现的地方滑去，而不是往球现在所在的地方滑。"我的目标就是帮助领导者和企业洞悉"冰球"的去向，让他们准备好往那个方向滑去。

过去 10 年里，加上现在这本，我共写了 5 本书。在这 10 年间，我有幸与数百家企业进行合作，走访世界各地，将我的作品呈现到数百万读者面前。一路走来，我分享过许多观点和意见，但我仍然认为自己永远在学习的路上。

领导力问题是我特别感兴趣的领域之一。每年我在全世界约 40 个会议和活动上讲话，主题涉及领导力、职场的未来、员工体验等。我遇到很多高管，与他们进行会谈或给他们提供咨询。我越来越频繁地被问及一些问题，问的不是关于现如今的领导力，而是在接下来 10 年，领导力将会是什么样子。当然，我对此有一些自己的想法和建议，但我认为这是一个非常耐人寻味的问题，值得探索一番。我开始深入挖掘，结果发现几乎没有好的应对方案，能将全球领导者和员工们的观点结合起来的扎实研究更是寥寥无几。

商界似乎越来越充斥着各种当代领导力策略和观点。虽然塑造伟大领导者的努力初见成效，但还远未达标，而时代却瞬息万变。例如，过去 10 年里，领导者们痴迷股价；多元化和包容性工作处于萌芽阶段；科技（特别是人工智能）远不如今天这样先进发达、日新月异；企业的等级制度受到质疑，但质疑的程度不及今日；社交媒体刚刚起步；"员工体验"鲜有人提及；目标和影响力等概念还是人们的笑谈；员工的分散度和多元化程度不及今日；短期主义猖獗一时；对办公隔间以外的其他工作环境关注不足；更别提当时我们还在应对 2008 年金融危机的巨大冲击。

那次金融危机爆发前不久，我刚找到大学毕业后的第一份工作，雇主是洛杉矶的一家科技公司。我毕业于加利福尼亚大学圣克鲁兹分校（University of Canifornia, Santa Cruz），是荣誉毕业生，手握企业管理经济学和心理学双学位。我摩拳擦掌进入职场，接下这份每天要在路上通勤 3 小时的工作。正是怀着对新工作的美好憧憬，我才接下这份工作。然而几个月下来，我每天的任务就是输入数据、打推销电话、做 PPT 展示这些琐事，一边干一边怨恨生活。一天，首席执行官从办公室另一头大声叫我的名字，说有重要任务交给我去办。我自然喜出望外，以为苦尽甘来，终于可以有所作为，大展拳脚了。然而，他掏出钱包，递给我 10 美元，说："我开会快迟到了，你赶紧去星巴克给我买杯咖啡，顺便给你自己也捎点吃的。"啊？那是我最后的几项任务之一。从那以后，我便满怀激情，研究如何创办能让所有人都乐意去上班的企业，领导者是这样的企业中重要的一部分。

我们大多数人还没有意识到过去 10 年里，时代发生了多大的变化，可以说这是因为我们并没有"置身其中"。想象你搭乘一趟火车，进行为期 10 年的长途旅行。在火车上，一切事物似乎都维持现状，科技发展止步，每个人的服饰如旧，一切都没有变化。10 年时间过去了，终于到达了终点。下车的时候，你几乎认不出来周遭的新世界了。现在的企业就像是集体登上这样一趟长途火车。如果一路上不停下来观察一下周围的世界，你将看不到世事变幻，直到有一天，你会发现自己已身处完全陌生的环境中。

海明威《太阳照常升起》(*The Sun Also Rises*)中的两个角色有这样一段对话。比尔问："你是怎么破产的？"迈克回答："先是慢慢地走下坡路，然后突然就破产了。"

换一个视角，不难看出，10 年前的领导力与现在大不相同，更重要的是，相比今日，10 年后的领导力也将发生翻天覆地的变化。但由于我们过于关注眼前的工作和生活，我们很少反思过这种变化，也不会去思考未来的领导力将是什么样子。

我不知道该如何回答关于未来领导力将如何变化这个问题，所以我决定收集数据。我采访了全世界 140 多位公司的 CEO，他们分别代表土耳其、法国、印度、澳大利亚、日本、芬兰、英国、美国、加拿大、意大利、巴西、爱尔兰、秘鲁等国家。行业包括医疗保健、食品和饮料、非营利组织、汽车、金融服务、设备租赁、软件、房地产等。这些 CEO 来自万事达、百思买、联合利华、甲骨文、威瑞森、圣犹达儿童研究医院、菲利普·莫里斯国际公司、伊塔乌联合银行、洲际酒店集团、圣戈班、采埃孚、凯萨医疗机构、（土耳其）戈兹控股集团以及世界各地的许多其他公司。除少数几家公司外，所有采访都是当面或通过一对一实况电话进行，时间为 45 分钟至 60 分钟。具体而言，我想把焦点放在 CEO 们身上，因为他们是商业世界的终极领导者。他们对企业的决策负责，对企业给世界和利益相关者（包括员工和客户）带来的影响负责。

总体来看，这些 CEO 代表了全球超过 700 万人、35 个行业和 20 个国家。这其中的女性 CEO 并不多，所以能让女性领导者参与到我的研究中是一件很有挑战性的事情，在我采访的领导者中，女性占 23%，我为这一比例感到自豪。相比之下，《财富》500 强公司的所有 CEO 中只有不到 7% 是女性（Zillman，2019），标准普尔指数 500 强公司的 CEO 中只有 5% 是女性（Catalyst，2019）。事实上，在美国和欧洲，女性担任 CEO 职位的比例不到 5%（Edgecliffe-Johnson，2019）。我很幸运地超越了所有这些数字。

这些 CEO 都被问到了以下 12 个问题：

1. 哪些趋势会影响未来的领导力？

2. 你认为未来的领导者需要具备什么样的思维模式，为什么？（他们应该如何思考？）

3. 你认为未来的领导者需要具备哪些技能，为什么？（他们需要掌握哪些技能来应对难题？）

4. 你认为今天的领导者和未来十年的领导者，主要的区别将会是什么？

5. 你能想象一下，十年后的领导者的一天生活会是什么样？

6. 未来的领导者面临的最大挑战是什么？

7. 请问现任的哪位领导者符合你心目中十年后理想的领导者形象？为什么？

8. 贵公司是否正在思考未来的领导力问题，或正以某种方式应对这个问题？

9. 你是否想过十年后，你需要具备哪些技能才能成为领导者？

10. 你如何定义领导力？

11. 关于未来的领导力，你还有什么要补充吗？

12. 你有没有行之有效的领导技巧？（为了成为一个高效的领导者，你经常使用的诀窍、技巧和策略。）

在提问之前，我还向 CEO 们介绍了本书写作的背景，以及它重点关注未来十年的领导力问题。我把这些采访都转写成文字并通读，以便从中提取关键信息。我试图找出明确的主题和理念，以及对问题列表的常见回答。例如，CEO 们一直认为对未来领导力至关重要的普遍技能和思维模式是什么？这些回答都被编码到一个大型的谷歌表格中，让我可以根据公司规模，CEO 的性别和行业等各种标准进行分类筛选。

我还与全球最大的职场社交网站领英（LinkedIn）合作，调查其全球各地近

1.4 万名自我定位为全职员工的会员，以了解他们的看法是否和 CEO 们的说法一致。该调查在 95% 的置信度下具有统计学意义。参与调查的员工来自中国、澳大利亚、美国、英国、印度、奥地利、德国、瑞士、巴西和阿联酋。这些员工来自不同行业，所属公司规模从 50 名员工到 10 万多人不等，级别从普通员工到高层管理人员。这次调查覆盖全球，内容全面。

　　该调查使用了同样的 12 个问题，另外还增加了几个问题，例如，对于"你认为未来的领导者需要具备什么样的思维模式，为什么？（他们应该如何思考？）"这一问题，受访者还被问及他们自己、他们的经理和高管是如何实践这些思维模式的。这让我能够对世界各地企业的领导能力有全面的了解，并真正了解 CEO 们所谈及的内容是否得到了实践，以及效果如何。受访员工还可以为一些问题选择至多三种答案，例如，在确定未来领导者的最佳思维模式时，他们可以选择三种答案选项，而不仅仅是一种。

　　最后，我采访了几位学者、研究人员和教师，并梳理了许多关于领导力和未来领导力的案例研究、书籍、文章和报告，看看我还能学到什么。我认为，这是此类项目中最全面，也许是唯一一个专门致力于探索 2030 年及以后未来领导者和未来领导力的项目。当你翻阅这本书时，你会发现许多引言直接来自我采访过的 CEO 们说过的话。我希望你们能读到世界顶级的商业领导者的原话。

　　本书分为几个核心部分，每个部分都是未来领导者需要了解和掌握的核心要素。在第一部分，我定义了领导力。第二部分重点介绍了未来领导力形成的趋势以及这些趋势对未来领导者的影响。这一部分还探讨了未来领导者将面临的最大挑战。第三部分讨论了未来领导者为了有效领导必须具备的最关键的思维模式。第四部分探讨了未来领导者必须具备的技能，即未来领导者需要知道如何去做具体的事情。第五部分着眼于如何成为未来领导者以及从哪里开始这段旅程。

　　为了更好地使用这本书，我还创建了两个可供你访问的补充资源：第一，评估量表，用于评估你对于书中提及的思维模式和技能的掌握情况；第二，如果你想接受我整整一个月的亲自指导，并有机会了解世界顶级 CEO 们的独特领导力技巧。

　　我特别想关注未来 10 年的领导力，因为它既不会因太遥远而不切实际，也不会由于时间跨度大而不适用。我希望你能通过阅读这本书，了解你、你的团队和你的企业现在应该做什么，以便在未来几年能够进行卓有成效的领导。你不需要先成为一个领导者才来实践本书中的理念，但如果你是或你想要成为一个领导者，那么你必须实践这些理念。本书中的所有内容在当今的商业世界里既重要也适用，在未来也将变得像空气和水一样不可或缺。

领导者如果乐意学习和践行本书所概述的思维模式和技能，并帮助周围的其他人也这样做，就会发现他们不仅能够创建出员工真正愿意去工作的企业，而且还将创造一个我们所有人都为之自豪的世界。是时候下马看花了。

雅各布·摩根

加利福尼亚州

目　　录

第一篇
理解领导者的角色

第 1 章

领导力鸿沟

估算一下，你所在的城市有多少位领导者？你所在的国家又有多少位领导者？那么全世界呢？假如我们关注未来领导者这一问题，那么我们应该清楚，我们现在有多少位未来型领导者，以后可能会有多少，知道这一点很重要。

仅美国就有大约 2500 万名主管和经理，接近 1/6 的美国人是管理人员。英国大概有 500 万名主管和经理，即 1/6 的英国人是管理人员。麦肯锡预测，2030 年全球劳动力将达到 35 亿人左右（麦肯锡，2012）。在 2020 年，据国际劳工组织估计，劳动力中自由职业者的比例为 45%，实际在过去几年中，这一比例却在不停下跌（世界银行，2019）。我们假设到 2030 年，50% 的劳动力是自由职业者，那我们就有 17.5 亿名雇佣员工（经合组织）。每位经理或主管下属的员工数量被称为"控制跨度"，每位经理底下理应分配 4 到 20 名员工不等。这就意味着，全世界大概会有 8750 万名到 4.375 亿名领导者，考虑到很多自由职业者也有全职工作，所以这只是保守的估计。领导者的数量不容小觑！领导者塑造了我们的商业世界，所以我们最好选出合适的领导者。没错，我们都应该喜欢（或者，我敢说，热爱）我们的工作，但我们得先有合适的领导者来做公司的掌舵人。

领导者们至今仍在挣扎

恕我直言，现在的领导数量众多，但优秀领导却寥寥无几。如果他们够优秀，通过数据我们就能一目了然。这也不能全怪他们能力差，因为我们现在所教授和讨论成为领导者的方法，对领导来说就是老生常谈，都已经运用得炉火纯青了，压根儿没有一点新意，对未来领导力毫无用武之地。这就好比你想要驾驶一架现代喷气式飞机，可是你只会开莱特兄弟的滑翔机，如果强行驾驶喷气式飞机，飞是能飞，但坚持不了多久。

终极软件公司和世代动力学研究中心共同开展的研究表明，80% 的员工认为，没有经理，他们也可以照常工作，所以他们觉得经理可有可无（终极软件公司，2017）。另一项由任仕达集团开展的研究表明，在调查的 2257 人中，接近一半的人认为他们比上级干得更好（任仕达集团美国区，2018）。2018 年，任仕达公司通过第二次研究发现，60% 的员工离职或考虑离职，原因是对自己的上级不满（任仕达集团美国区，2018）。这些数据都说明一个事实，那就是员工似乎都觉得领导无关紧要。老实说：所有人在工作的某个时候对领导多多少少都有过这种感觉，我也有过。说实话，有那么些时候，一看到领导，我内心就会浮现："你都干了些什么？"

盖洛普对 7000 多名美国人展开了一项研究，研究发现，有一半的人为了摆脱他们的经理，提高他们的整体生活质量，在职业生涯中离过职（Harter，2015）。让我们仔细体会，这是一个非常令人沮丧的统计数据，但我们都与之相关。同一项研究还显示，影响员工敬业度的变量中，管理者变量至少占了70%。英国《独立报》发表的研究也发现，近一半的英国工人认为他们可以比老板做得更好（Bailey，2017）。然而，还有 13% 的人表示他们的上级在工作中极其不称职，也许，这才更加让人瞠目结舌。

同样，盖洛普关于全球敬业度的开创性研究也令人印象深刻。该研究发现，全世界只有 15% 的员工全身心投入工作。据悉，比起公司，员工真正讨厌的是他们的老板。员工，尤其是星级员工，加入一家公司，但很快就想离职，好摆脱他们的经理（Clifton，2017）。

要是写关于"论世界各地的领导者是如何辜负我们期望的"这个主题的

话，都可以出本书了。这些领导值得我们去尊敬、仰慕或模仿吗？这些人有能力带领我们的组织，能帮助我们塑造和创造未来吗？虽然这些数据只表明了现今领导者的惨淡光景，但是未来的这些数据也不会好看到哪儿去。

在最新的《全球领导力预测》报告中，美国智睿咨询有限公司（DDI）对全球 2.5 万多名领导者进行了调查，发现只有 42% 的人认为他们组织内部的领导整体素质很高（美国智睿咨询有限公司，2018）。或许更令人震惊的是，只有 14% 的组织拥有美国智睿咨询有限公司所说的强大的"替补"，意思就是说有领导者退休或高升了，随时能找到替代的人选。这意味着，如果"领导力无用论"将所有今日的领导者全部否决，我们当中将没有人可以站出来接替他们的位置。即使是运动队的替补席上，那也有才华横溢的球员，他们可以在队员受伤时挺身而出，但我们的公司却没有，这不就是笑话吗？也许这是因为我们的领导模式并没有改变，也就是说，我们正在教领导者如何领导"一个即将不复存在的世界"。

在另一份研究领导力发展状况的 DDI 报告中，半数受访组织表示，他们的领导人没有能力有效地领导他们的组织（DDI，2015）。71% 的受访组织表示，他们的领导人还没有准备好领导他们的组织走向未来。创意领导力中心（Center for Creative Leadership）的一项研究也得出了类似的结果，该项研究的题目是"领导力差距"，其内容如题意所示。该项研究的发起人表示，领导者没有为未来做好充分准备，他们如今的领导能力也不足以满足未来的要求。许多国家、组织以及组织的各个层面都有这一发现（莱斯利，2015）。最后，在世界企业联合会与 DDI 合作的"准备好的领导"研究中发现，85% 的领导对自己的领导力补给并不自信。这里还有一些数字可供参考（DDI，2014）。

德勤公司最近发布的千禧调查中，收集到了来自 36 个国家的 1 万人回复，71% 的千禧一代表示将在未来两年里离职，因为他们对现阶段的领导力技能发展感到不满（德勤公司，2019）。很明显，新一代的工作者都渴望当上领导，但是组织晋升通道不畅，他们的抱负自然也就无法实现。

很显然，全球的领导力都出现了一些问题，否则数据不会普遍那么糟糕。事实上，每个设立的指标都在预示着我们遇上了麻烦，但是许多企业和现在的领导者却依然视而不见。想象一下，你开车开到一半的时候，"检查引擎"的指示灯突然亮了，紧接着胎压警告来了，再然后是燃油不足，汽车亮起了电瓶故障灯，温度指示灯亮起了红灯。接着再想象一下，你和全家人都在这辆车里。你会继续开下去，心存侥幸地希望顺利到达目的地吗？但愿不会。然而，在商业世界里，我们都处在一个设置为自动驾驶模式的汽车里，最糟糕的是，我们居然都坐在同一辆车上！

是时候做出改变了

当我看到本章所呈现的数据时，我感到很生气、很沮丧，也很难过。对此，我们都应感同身受。这个情况说明，不管是现在还是未来，我们都生活在拥有着数亿位领导者的世界里，但这些领导者很差劲，除非我们能做些事来弥补。可这并不意味着我们有数百万个领导的职位空缺。上面的数据只是说明，实际上有很多人担任着领导，但他们并不出色，那样是干不久的。我坚信，那些应用好本书列出的思维模式和技能的人才配做领导。没错，未来我们组织里的领导力差距只会不断扩大。有能力消灭这些差距的组织将会经久不衰、永久兴旺。引领这些组织的人必定能成为未来的领导者。我明白现在的领导者普遍很糟糕，但也不尽然全是。我们在世界各地还是有很多出色的领导者，为了写这本书，我采访了很多优秀的领导者，但这样的人还不够多。我真诚地希望这本书及其背后的研究能够帮助改变这种状况，但首先你得让这种改变成为现实。

值得庆幸的是，本书将教给你以下 9 个要点，并指导你如何付诸实践。9 个要点包括 4 种思维方式和 5 种技能，世界顶级商业领袖认为这 9 个要点对未来领导者至关重要。世界上许多组织和个人正在经历领导力危机，这 9 个要点是解决危机的方法。当你读完这本书，你将会找到一条成功之路，从而成为我们都需要和期待的未来领导者。那我们开始吧！

第 2 章
领导力的三个本质问题

要探讨未来领导者问题，必须先回答关于现今领导者的三大关键问题：

什么是领导力？谁是领导者？

应该叫领导者还是管理者？

2030 年的领导者会与现今大不相同吗？不同在哪儿？

什么是领导力？谁是领导者？

目前，CEO 们最难回答的问题是"如何定义领导力"？我在电话中抛出这个问题的时候，对方常常语塞很长时间，或草草回一句"这是个好问题"。但是到目前为止，收到最多的回答是："嗯，还从没有人问过我这个问题。"这时，我常常在心里大喊："什么？！什么叫从没有人问过你这个问题？你手下可是管理着价值几十亿美元的公司，有着几千名员工啊！"当然，我没有真喊出口，不然对方肯定立马就挂电话了。我思考了一段时间才明白其中的缘由。我们将领导者这个概念视为理所当然，以为大家都懂领导者是什么样子的，分得出谁是好的领导者。这有点像给"水"下定义，听起来很蠢，毕竟大家都知道水为何物。但怎么跟从未见过水的人解释水是什么呢？直接说水是一种无色无味的液体吗？但有十几种液体都是无色无味的。领导力也一样，它以某种形式遍布各处，不管是工作、运动、看电视还是购物，我们每天都要和它打交道。领导力如空气般围绕在我们周围，所以我们从不会去想它到底是什么，领导者又是什么？

思考一下这个问题。如何定义领导力？是做正确的事情吗？是表现达标或追求商业成果吗？是拥有众多拥护者吗？是激励鼓舞他人吗？是目标明确、团结众人吗？还是根据实际情况而定？

希特勒算领导者吗？特蕾莎修女、亚伯拉罕·林肯、达斯·维达、成吉思汗、伊丽莎白一世、埃隆·马斯克、罗莎·帕克斯、杰弗里·斯吉林、勒布朗·詹姆斯、阿尔·卡朋呢？这些人物，无论其本人是善是恶、事迹是真是假，都是符合上述标准中的几项的。

"领导"（lead）一词可追溯至公元 900 年，意思是"走在前面或带路"。领导者就是走在前面或带路的人。根据这一定义，上面提到的所有人物都称得上是领导者。他们的不同点并不在于他们引导他人的事实，而在于他们带领他人前进的方向和道路。希特勒走上了一条通向邪恶、战争和死亡的道路，特蕾莎修女选择的是一条与人为善、服务他人和懂得感恩的道路。如今，很多领导者走上了错误的道路。如果领导者的责任是指明道路，这条道路该是什么样的？

我采访的众多商业领袖对如何定义领导力问题给出了各种回答，全都没有雷同的。当然有些东西是共通的，这些内容会在本书中具体展开。但总体来说，他们给出的解释和定义都各不相同。CEO 们指出了领导者应该具备的品质或特点，有的更注重谦逊、同理心、包容心等人性品质，有的更注重达成目标、划分主次、规划蓝图等商业智慧。当然，也有一些 CEO 试图两边兼顾，融会贯通。

140 多位世界顶尖企业的 CEO 对领导力的定义各不相同，这是为什么呢？

从这个问题上，我了解到两件事情。第一件是世界众多领导者很少会问自己领导力意味着什么，这令人意外。而且这个问题甚至没有在企业层面上进行过研究。人们将领导力视为理所当然的，以为大家一眼就能分辨出好的领导者。第二件是人们对领导力的定义并不相同，不同的领导者和企业各有各的理解，并无统一或被广泛接受的定义。如果我们完全作为个体运行，这样并无大碍，但我们并非独立运行的个体，而是集体、团队、企业中的一部分。这种情况下，要成为或创造优秀的领导者，第一步就是探讨领导力意味着什么，研究领导力是如何在企业（或生活）中具体形象地表现出来的。

CEO 对领导力的定义

请大家思考一下下面几位 CEO 对领导力的定义。

朱迪·马克思（Judy Marks）是奥的斯电梯公司（Otis Elevator）的 CEO，领导着 7 万多人的员工队伍，员工来自全球各地。朱迪说："我觉得还是在于取得成果的能力，这里'成果'一词有非常广泛的意义。我在领导力方面的作用是规划蓝图、传达出去。还有创造环境，让人们不仅可以认同任务，还会去完成任务。另外还要克服困难，助力团队成功。我认为这些都是领导力的组成部分。"

玛丽莎·梅耶尔（Marissa Mayer）是雅虎（Yahoo！）前 CEO。她和我会谈时告诉我，她对领导力的定义是"帮助人们相信会有比今天更美好的明天或更好的成果"。

马克·赫德（Mark Hurd）是甲骨文（Oracle）的前 CEO，这是一家信息技术和信息服务公司，在全球拥有超过 13.7 万名员工。我曾在这家公司的德州达拉斯 HCM（人力资本管理）大会上作主旨演讲，结束后我和马克有过交流。遗憾的是，几个月后他就辞世了，但这次碰面给我留下了深刻印象。马克认为："定义领导力，最基本的就是确定终点。要提出策略，向终点进发，尽力凝聚团队，提供资源，最终到达终点。"

比尔·托马斯（Bill Thomas）是毕马威全球主席。毕马威是一家专业服务公司，全球拥有 20 多万名员工。托马斯对领导力的定义是："认真思索未来，规划蓝图，让企业能在新时代找准定位，不断壮大。要组建能实现蓝图的多元领导力团队。要让员工了解长期蓝图和短期商业计划，通过正确合适的沟通方式让员工觉得自己是其中一分子。还要紧密关注企业以外的世界，洞悉各方浪潮，这些浪潮不仅塑造着你的经营市场，也塑造着你服务的社会。"

卫翰思（Hans Vestberg）是美国电信巨头威瑞森通信（Verizon Communications）的 CEO，这家跨国企业在全球拥有超过 15.2 万名员工。卫翰思对领导力的理解是："确保人们拥有完成企业任务所需的一切条件。仅此而已，其他一切都是次要的。"

这些 CEO 谁对谁错？你更赞同谁对领导力的定义？他们对领导力的定义进行了思考，给出了自己的见解，方式各不相同，但他们都讲到了关键点，都是正确的。朱迪·马克思、玛丽莎·梅耶尔、马克·赫德、比尔·托马斯、卫翰思对领导力有清晰的定义，这些定义影响加入他们企业的人，影响创造出来的企业文化和价值观，影响商界的策略方向和优先事项。领导力定义也会随着执掌企业的领导者发生变化。也许最好的例子就是微软在前任 CEO 史蒂夫·鲍尔默（Steve Ballmer）和现任 CEO 萨提亚·纳德拉（Satya Nadella）的领导下发生的兴替演化。两位领导者从公司业绩层面来看，都是当之无愧的成功领导者，但他们的领导风格有天壤之别。

鲍尔默脾气暴躁，尽人皆知。他是个富有激情的领导者，但也出了名的斗志旺盛、享受公众的关注。很多人认为他属于"明星 CEO"。他个性浮夸，好胜心极强，鼓励员工间的竞争。他推崇员工排序，将员工按各方面表现进行评比分级。比如，10% 的员工评为优秀，10% 评为表现不佳，剩下 80% 评为一般但仍有价值。主管们被迫对员工进行评比，即使他们觉得没有一位员工属于那最差的 10%。鲍尔默一度在企业点评社区 Glassdoor 上位列评分最低的科技企业 CEO，支持率仅为 39%。尽管如此，很多人依然认为如果没有鲍尔默，微软新任 CEO 的萨提亚是无法有所成就的。

萨提亚加入微软时，在第一封给员工的公开信上，他强调了家庭对他生活的重要性。他说过一句很有名的话，希望放弃"全知"文化，转为"全学"文化。他推崇多元化和包容性，倡导以合作取代无情的竞争，要保持开放，鼓励不同视角和观点，倡导积德行善。萨提亚希望创造出一种共情的文化，淘汰微软出了名的持续内斗。他担任 CEO 后的第一批举措之一是让员工阅读《非暴力沟通》。截至本书写稿时间，萨提亚的员工支持率达到 96%，公司股价上升至 3 倍以上。以前在鲍尔默的任期时，微软市值最大为 3000 亿美元，现在已在 9000 亿美元上下。

我们如今确实看到企业更多地强调团队合作和共同创造的理念。艾瑞克·安德森（Erik Anderson）是拓高乐（Topgolf）娱乐集团的执行主席，公司员工达 2 万人。安德森还兼任美国奇点大学的董事会主席。他告诉我："如果想在社区和企业中成功，那就要学会合作而非竞争，这样会成长得更快。孑然一身、好勇斗狠是非常危险的策略，所以放弃竞争，开始团队合作和共同创造至关重要。"

领导力过滤器是什么？

你和企业会遭遇的最坏情况是没有清晰的领导力定义，不了解身为领导者意味着什么。就算不清楚自己的领导力定义是否完美，也总得从某个地方下手，然后修改提升。我酷爱国际象棋，在这个领域有这么一句话：差劲的计划总比没有计划好。

这解释了为什么很多企业领导者备受推崇和爱戴，另外一些领导者却遭人怨恨和疏远，因为每位领导者与提拔他们的前任相比，其对领导者的定义和观点都会有一些创新，才能坐上领导者自己的位置。

但倘若人们对领导力和领导者的定义相同，那么这种"上位"发生的概率将会大大降低。这里另外一个重要方面是确保你的企业拥有过滤器，让合适的领导者到位，对他人负责。根据不同企业，过滤器可以有很大的改动。这里列出几项指标，仅供参考：

- 达成商业、财务目标
- 接收同级和经理的正向反馈
- 支持培养小组其他成员
- 进行跨小组、跨地域合作
- 严格践行道德伦理准则
- 倡导并帮助创造多样包容的环境
- 有能力激励他人、与他人交流、为他人赋能
- 持续完成工作

你可以把这些看作企业的滤网，以确保只有合适的人选才能通过这些过滤器。

脸书（Facebook）是为数不多的将员工奖金和薪酬与社会问题的进展和

关注社会公益挂钩的组织之一。传统上，衡量员工主要考虑实际创收、个人绩效、个人奖金预期和公司经营情况。社会贡献包括去除仇恨言论，提高公司透明度，扶持小微企业等。将社会贡献纳为过滤器系统核心部分后，Facebook 吸引和培养的领导者都是关注关心这些问题的人士，而不是只追求金钱利润之辈（汉密尔顿，2019）。我的上一本关于员工体验的书里，Facebook 在 225 家企业中名列第一，这并非巧合。

IBM 开展过一个速成的未来领导力项目，旨在吸引、识别、培养、提拔适合担任领导者的种子选手。通过一系列技术衡量手段，IBM 发掘了成为成功企业领导者所需的技能和思维模式，包括局势分析、认知能力、探索能力和成长型心态。换言之，IBM 甄别创造了自己的领导力过滤器，不拘泥于常规的表现指标。数字衡量的方式是视频记录，研究一线经理在虚拟企业中的日常一天。每个部分的衡量在一天中的不同时段进行，选手们要做出一些决策。根据这些决策，IBM 得以测量他们该有的技能和思维模式（IBM，年份不详）

你所在的企业认识到作为领导者意味着什么吗？它知悉未来领导者所需的技能和思维模式吗？对大多数企业来说，答案是否定的。如果对这些事情没有清晰的了解，那怎么能指望你在未来进行领导呢？

如果你所在的企业设定的过滤器完全基于达成目标、按时完成、赚取利润这些能力之上，那么能够做到这些事情的人就会担任起领导者角色。在很多行业中，比如金融业，这一现象十分普遍。我永远都忘不了 18 年前我在摩根士丹利的实习经历。招我进去的副总裁，他被提拔起来，靠的是签下大量单子。我实习了几周后，他被解雇了，因为一些单子告吹了，他也没能为公司再签新单。当时很多领导都是这么被解雇的，他们被提拔的原因本身就是不正确的。这段实习结束后，我坚定了不在金融领域发展的决心。

如果过滤器能更注重企业中人性的一面，特别是关注引领他人的能力，那么具有这些能力的人最终会当上领导者。你希望公司里掌权的是什么样的人？你设置了什么样的过滤器来确保这些人走到掌权位置呢？

定义领导力

但领导力到底是什么？谁是领导者？我认为并没有标准定义，如果一定要说，或要下一个定义的话，我会融合商业智慧和人性特点。我鼓励你从这方面下手，让这两者为你和你的企业服务。

领导者能够看到事情有进步的空间，能团结人们为美好愿景共同努力，能提出规划实现愿景，能在实现愿景的同时以人为本。

吉姆·卡瓦诺（Jim Kavanaugh）是技术服务提供商 World Wide Technology 的 CEO。这家公司员工超过 5000 人，总部设立在美国密苏里州（顺带提一下，该州的圣路易斯市是国际象棋之都）。吉姆在 Glassdoor 上是评分最高的几位 CEO 之一，他的公司也多次入选最佳工作场所。

吉姆给现今和未来的领导者提出了几点宝贵意见：

作为领导者，必须愿意挖掘细节，但也要能够退后一步，从宏观角度看待问题。如果你能静坐山巅，如鹰般将全局纳入视野，审视时局，你就会对正在发生的事情了然于胸。问一问自己，你的企业最重要的事情是哪些？你想要完成什么事业？你希望人们有何表现？你的目标是什么？你要怎么做出成绩？

领导者还是管理者？

是什么造就了管理者？又是什么造就了领导者？这个问题我在上一本书《工作的未来》里讨论过，但这里也值得略提一下。有一些人说管理者和领导者只是称呼不同，另一些人则坚称这两者有本质区别。通常来说，我们认为管理者是对他人负责的人，负责决策、执行、分权、组建团队、实行管控等工作。而领导者在大众眼中则是有远见之人，他们动员鼓舞别人，改变现状，预见更美好的世界，决心将美好世界变为现实。但为什么这两者会存在差异，相互区分呢？难道为他人负责的人不应该在这两大领域都做到游刃有余吗？

我坚信，企业中的任何个人都可以成为领导者，尤其管理者，必须肩负起领导者角色。

我们工作和生活中的用语极为重要，所以我们应该弃用"管理者"一词。这个词语已经衍化出负面意义，让人产生负面联想，那为什么还要整天把它挂在嘴边呢？你愿意被束缚吗？你想在电影《上班一条虫》（*Office Space*）中的那种管理者手下工作吗？没人喜欢束缚，老实说，很多人甚至不想被称为管理者了。

人人都能当领导，但问题是，你得清楚你在领导谁。例如，你可以领导自己，也可以领导一个小团队或职能部门，一整个部门，或整个企业。但这就带来一个问题，这并不是改变名称或头衔那么简单，而是技能和思维方式的改变。如果你无法接受本书中所提及的技能和思维方式，你就会与领导者这个职位失之交臂。如果你现在坐着领导的位子，却发现自己并不具备这里所说的技能和思维方式，那你的工作和责任就是学习并践行这些技能和思维方式，否则，你的领导者位置将坐不长久。方法虽然严苛了点，但别无他法。不合格的领导在未来的工作中将毫无立足之地。

德勤最近的一份研究报告对美国 5000 多名脑力工作者进行了调查，72% 的人表示："我们需要重新定义当今世界的'领导者'"（德勤，2018 年 6 月）。想象一下，这个百分比在未来 10 年会增加多少。

2030 年的领导者与今天的领导者真的有那么大不同吗？

企业是员工上班拿钱的地方，这是大多数领导者熟知的概念，但情况已经发生了变化。企业集理财规划提供商、健康保健中心、餐饮店、学习中心、日托中心、职业顾问、生活顾问、娱乐交际场所、慈善机构等于一身。我们的工作正在融入我们的生活，对我们很多人来说，我们花在工作上的时间至少和待在家里的时间一样多。这不是大多数领导者所习惯的企业类型，但我们都在成为其中的一员。

世界和企业正在迅速变化，这迫使我们提出两个重要问题——未来十年的领导力是否真的与如今天差地别？如果是，区别在哪？

在我采访的 CEO 中，小部分人表示，领导力将发生翻天覆地的变化，以至于让人无法辨别，还有小部分人表示，未来领导力与今天的领导力差不了多少。然而，绝大多数 CEO 表示，未来领导力将基于一组现有基本原则，还基于一些理念，比如对愿景和愿景可以实现的认识，但是在此基础上，未来领导人还需要增加新的技能和思维方式。这正是本书的主题。

蒂姆·瑞安（Tim Ryan）是普华永道（PwC）全球董事长，其公司员工超过 5.5 万人。当我们谈到领导力的未来以及领导力是否在发生变化时，他答道："我们都能看出领导力在不断变化。其实我想说，50 年前或 25 年前造就优秀领导者的技能和思维方式，造不出 10 年后的优秀领导者。"

毫无疑问，成为未来的领导者是最难的工作，如果踏上这个旅程，你就会遇到职业生涯中的最大挑战，但十分值得去做。

肖恩·瑞格塞克（Shawn Riegsecker）是 Centro 的首席执行官，这是一家拥有约 700 名员工的数字广告软件公司。我们谈了很久，他向我透露了成功的秘诀：

成为出色的领导者没有捷径可走。实际上，要花很多的时间才能达成这一目标，而且在这一过程中可能会遭遇波折。为了得到你想要的东西，你必须做一些事情，好让你有信心在第二天做更多的事情。没有人喜欢失败，但失败只是代表你遇到了挑战，你需要学习，你无须逃避。我相信，在你不满足于现状、逼自己走出舒适圈时，就是你成长最快的时候。你必须走出舒适圈，学会适应和接受生活与工作中的不确定，生活才会出现真正的不同。

拒绝改变、感到害怕或不舒服，这是很自然的，但正如肖恩所说，这时才有真正的成长。如果你想努力成为优秀的未来领导者，请接着读下去。

第 3 章
领导者的影响力

你钦佩、尊重并想效仿的领导者是谁？你可能想到某位经营着知名企业的领导者，但是你从未与之有过交集。现在想象一下，这位领导正在经营一家大公司，但是苛待员工、压榨薪酬、经常在电话和会议上责备员工、给员工强制安排不合理的工作，也就是说，这个领导把员工当牛使。再想象一下，其企业对环境或当地社区造成了伤害。要是他／她以不正当的商业行为提升业绩、不支持社会事业、天生刻薄，虽然其企业利润可观，但是这时你还会认为这个人称得上是领导者吗？你愿意为这种人工作吗？

优秀或不合格的领导者如何影响你和你的企业

几乎所有我采访过的 CEO，以及多数普通人都认为，成功领导者指的是能赚大钱和业务能力强的人。对于一些人来说，做到这两点已经尽善尽美了，但对于我们之中想成为未来领导者、以人为本的人来说，不能局限于这两点。拥有 9 万多名员工的奥迪公司（Audi）的首席执行官亚伯拉罕·肖特（Abraham Schot）接受我的采访时，特别呼吁领导需要更加精进自己。他表示："领导要付出额外的心血，解决旁人束手无策的问题。最重要的是，要懂得关心人，而不是只关心业绩。"

采访中有几位 CEO 提到，他们会崇拜家族成员，崇拜指导他们走向成功的伯乐，崇拜他们曾经参与的慈善或宗教企业的领导人。我们对谁能胜任领导者职位以及为什么他 / 她能胜任这两大问题的认知需发生转变，不能认为这仅与赚取利润有关系。

领导者帮助塑造企业，对我们的生活产生深远影响，尤其是与他们共事时，这种影响就更大了。也许你和我一样，都尝过在优秀的领导者和不合格的领导者手下工作的滋味。在不合格的领导者手下工作，你会觉得自己像个陀螺，转个不停，你害怕上班，一旦去上班，你也会尽力避开领导。不合格的领导者会让你怀疑自我。他们把灵魂和价值从你的身体里吸走，与他们共事，简直可以毁掉你的生活。尽管他们帮企业赚了大钱。

不合格的领导者会让你疲惫不堪，找不到灵感，你和配偶之间可能会起更多的争执，心情也会变得沮丧，或许还会让自己过度劳累，以至于到了精疲力竭的地步，这意味着你将没有时间健康饮食，没有时间锻炼，也没有时间独处或陪伴家人。我刚进入企业界时，曾跟过几位这样的领导。一天中最糟糕的时刻就是 6:30，闹钟会把我吵醒，然后我知道，又得见到"吸血的CEO"了。"吸血的 CEO"这个词由 WD-40 公司的 CEO 加里·里奇提出。就企业和员工个人而言，这些不合格的领导者像个毒瘤。我们必须毫不留情地将他们从我们的企业中剔除，除非他们决心自我革新。人生苦短，与这种人共事，更是短上加短。

不合格的领导者

曼彻斯特大学的商学院做过一份有关领导者影响的研究，参与人数为1200 人。毫不意外，与不合格的领导者共事，员工的工作满意度较低。然而，更可怕的是，数据表明，不合格的领导者会影响员工的个人生活。研究发现，遇到自恋或精神变态的领导者，员工更容易患上深度抑郁症。不仅如此，这些领导还缺乏同情心和自我意识。同一研究还发现，这种领导者手下的员工对他人过于挑剔，把别人的工作功劳占为己有，以攻击性行为态度与同事相处。有人发现，不合格的领导者的行为会像野火一样，在企业内部不断蔓延。这意味着，除非你能做出深刻变革，否则他们的恶劣行为举止将像病毒一样，肆意传播，成为常态。最近一项 40 多万名美国人参与的研究发现，不合格的领导者可能会使员工患上心脏病，他们真的会威胁你的生命健康（德·卢斯，2019）。

也许这就是商界在治理不合格的领导者这一问题上屡屡碰壁的原因。全球化组织咨询公司光辉国际在 2018 年进行的一项探讨工作压力的研究发现，多数受访者表示他们的领导是工作中最大的压力源（光辉国际，2018）。公司里一个本该成为你的靠山，支持你、鼓励你的人竟是你最大的压力来源？真是匪夷所思。领导力培训公司曾格·佛克曼（Zenger Folkman）所作的一项研究发现，缺乏激情的领导者的整体领导力效能只有 9%，直接下属的平均敬业度只有 23%，正在考虑辞职的直接下属却有 47%（曾格，2015）。

这些问题没有简单的解决办法。如果你的企业里有一些不合格的领导者，你又无法对他们进行培训或指导，那就把他们赶出公司，或者至少把他们赶出领导岗位。摆脱这些类型的领导不仅能让你的企业脱离苦海，还能救员工的命。我们怎么会认为拥有不合格的领导者是理所当然的呢？雇用他们简直就是浪费钱。我最近担任了拉丁美洲一家大型保险公司的顾问，该公司要换掉 30% 以上的领导者，因为这些领导者不愿意面对或不能够适应企业不断变化的需求。过程艰难吗？这个过程很难。但如果这个企业要走得更长远，要改善员工健康状况，就必须这样做。

优秀的领导者

相反，优秀领导者的影响力截然不同。为优秀的领导者工作，你很乐意去上班。你会不断学习和成长，因为这位真正意义上的导师会鼓励你、支持你，你对自己的能力更有信心，并愿意为企业付出更多。有时候，你甚至感觉不到自己在工作。前面提到的 Zenger Folkman 研究发现，好的领导者实际上可以使公司利润翻倍。不仅糟糕的领导力能相互传染，好的领导力也有感染力！研究还发现，如果你是一名优秀的领导者，那么你的领导也可能是优秀的领导。如果你是一个高层管理者，做的工作却不尽如人意，那么你就会降低直接下属的工作投入，而且还降低了他们的下属的工作投入。这是一种涓滴效应。但如果你做得很好，你就会增加那些为你工作的人和为他们工作的人的工作投入。如果说不合格的领导者应该被无情地踢出公司，那么优秀的领导者应该受到无条件的栽培，并提供机会、资源、激励和鼓励，帮助他们成长。

最近，我有机会和雅虎前 CEO 玛丽莎·梅耶尔（Marissa Mayer）坐在一起讨论。我在帕洛阿尔托（Palo Alto）与她会面，那里离我住的地方很近。我们在她的办公室里谈了一个小时，办公室里摆满了她职业生涯中的各种纪念品。在我们讨论期间，她告诉我：

> 当你在领导一个企业时，你必须考虑到，员工问题永远要放在公司的第一位。领导力的核心在于如何招募员工，如何调动他们的积极性，如何给他们布置任务，让他们完成整体任务和你想要完成的事情。

最近一项名为"医疗保健领域的领导力、工作满意度和组织承诺：筹建和试验模型"的研究发现，管理者的领导行为对员工工作满意度的影响为 28%，对员工的组织归属感的影响为 20%（摩萨达格拉德 & 菲尔多西，2013）。全球领导力咨询公司——美国智睿咨询有限公司（DDI）对全球近1.5 万名参与者展开了一项研究，结果发现，表现优异的领导者和表现一般的领导者的影响力相差 50%。从财务业绩来看，拥有最优秀领导者的企业，其业绩超过行业竞争对手的可能性达 13 倍（坦纳，2018）。这些企业的员工忠诚度和敬业度也更高，是竞争对手的 3 倍。

我们需要更多优秀的领导者

显然，领导者影响重大。它关乎员工的幸福感，关乎企业的发展，甚至企业的兴亡。现在是时候行动起来了。

沃尔夫 - 亨宁·施德尔（Wolf-Henning Scheider）是德国采埃孚公司的首席执行官，这家德国制造公司在全球拥有 15 万名员工。他们的销售产品包括汽车变速器、离合器和制动器等，产品广泛使用在奥迪、宾利、丰田、劳斯莱斯、宝马和道奇等汽车品牌中。沃尔夫 - 亨宁告诉我："优秀领导者不能只靠雇佣，还得自己培养。这项任务非常艰巨，但我认为这是首要任务。"

不幸的是，美国巨兽网开展的一项调查发现，在美国，只有 19% 的员工认为他们的领导是导师或学习榜样，并得到了领导支持。76% 的受访者表示他们目前或近段时间接触过不合格的领导（考夫曼，2018）。全球的数据也不容乐观。例如，在英国，根据格拉斯多（Glassdoor，美国一家做企业点评与职位搜索的职场社区）数据表明，2/3 的员工与不合格的领导者共事过（Di Toro，2017）。

领导者可以成就，也可以毁灭企业和员工。现在是时候抛出棘手的问题了。你想成为什么样的领导者？你的企业想拥有什么样的领导者？如何培养这些领导者？不要指望运气，也不要以为人力资源等部门会解决问题。这是每个人的责任，尤其是你的责任。

1-800-flowers.com 的总裁兼首席执行官克里斯·麦卡恩（Chris McCann）表示："如果你觉得自己曾激励或启发某个人做更多的事情，那么你就扮演过领导者的角色。"这才是我们需要的领导者。

第二篇

塑造未来领导者的趋势与挑战

第 4 章

人工智能与技术

为什么这么多 CEO 认为领导力在未来 10 年内会有所不同？是什么样的趋势促使他们相信，未来的领导需要一套新的技能和思维模式呢？在本章及接下来的几章里，我将探讨在 2030 年及以后塑造未来领导力的六大趋势（见图 4.1）。当前和未来的领导者都必须了解这些趋势及其将产生的影响。

图 4.1　塑造未来领导力的六大趋势

目前为止，CEO 们和各级员工都认为，人工智能和技术是对未来领导力最有影响的因素。在探讨未来领导力的采访中，CEO 们的关注点往往更多地集中于人工智能。领英（LinkedIn）网站的调查显示，个体户、经理以及高级执行官也都认为人工智能是影响未来领导力的因素。

很多年前，我们就开始追求创造一些更好、更强、更快、更智能的东西。在公元前 800 年，人类在伊阿宋和阿尔戈英雄的希腊故事中第一次接触到人工智能。在这个故事中，伊阿宋本来应该是伊俄尔科斯的国王，但他的叔叔珀利阿斯坐上了王座。为了夺回王座，他答应珀利阿斯去取回金羊毛。

于是，伊阿宋召集了一队英雄和冒险家，开启了金羊毛的寻找之旅。但是，在取得金羊毛后的回程中，他们被海浪席卷，偏离航道，流落到了希腊附近的小岛。在那个岛上，伊阿宋遇到了巨型机器人塔罗斯（Talos），他摘掉了塔罗斯脚踝的小块金属，导致塔罗斯的灵液（即身体内的血液）流失致死。从犹太人的民间传说中，我们听说过戈仑（Golem）帮助犹太人的故事；在伊斯兰教中，炼金术士扎比尔·伊本·海扬（Jabir ibn Hayyan）提过塔克温（Takwin），即人造合成生命。而近些年来，我们从科幻电影《2001：太空漫游》中了解到硬件抽象层（HAL），从《终结者》中了解到了天网（Skynet）。但是，这些电影素材都是取自数千年前的故事、神话和传说，将当时的想法现代化。现在面临的最大问题在于，当这些人工智能成为现实时，将会发生什么？

普华永道（PwC）发布了第 22 届全球 CEO 年度调查报告，有来自不同国家的 1378 名 CEO 参与调查，其中 42% 的人认为人工智能的影响将超过互联网，21% 的 CEO 对此也深表同意，而且有充分的理由来支撑这一说法。调查还显示，预计到 2030 年，人工智能将为全球 GDP 带来 15.7 万亿美元的增长（普华永道，2019）。

自现代商业发展以来，我们已经创设了与人工智能、机器人和计算机软件完美匹配的组织机构；员工每天都会同时出现，穿着统一的制服，重复着同样的工作，还被告知不要多问，只需要“做好本职工作”。问题在于，几十年前并没有这些技术，所以“人力”是最好的资源。如今，我们终于可以开始使用这些技术，完成为他们量身定做的工作。这些技术挑战着现代组织基础，是我们所需要解决的重大现实问题。

机器会取代人类吗？

现在，我们不得不发出这样的疑问：人类未来做什么工作，将如何去处理这些工作，以及为什么这样处理？我们总是认为，人工智能将会对日常工作产生重大的影响，比如数据处理或者输入，很多关于未来工作和自动化的研究都强调过这一点。但是，人工智能对未来领导力的冲击才是最大的。

我采访过很多的 CEO，他们几乎都对人工智能和技术在领导力和未来工作的影响方面持乐观态度。理由在于，技术可以解放时间和资源，能让他们关注公司中的员工。这才是真正的领导力。但这也意味着要接受新技术，而不是选择逃避。过去这些年来，很多报告都鼓吹人工智能和技术会破坏和消除工作岗位，这与上述观点形成了鲜明的对比。许多研究和报告都预计，未来将裁减几百万到几十亿个工作岗位。这就好像《行尸走肉》里的场景，我们都拿着干草叉四处走动，无事可做。

研究报告的内容与世界顶级领导人告诉我的内容之间存在很大的差距。我认为，自动化确实会对某些领域产生影响，但这种影响更多地体现在工作岗位的变化，而不是这些岗位如何被淘汰。我们必须记住，工作岗位或者任务的自动化不等于要取代人工。

仲量联行（JLL）是全球最大的房地产公司之一，在全球拥有近 10 万名员工。我采访过这家公司的现任 CEO 伍博琦（Christian Ulbrich），跟大多数接受采访的人一样，他表示："只有满怀热情，乐于接受数字工具、数据分析和新技术带来的想法和机遇，才能在数字时代取得成功。"

工作自动化并非取代人工

在人工智能和工作岗位方面，我们要确保那些创造的新岗位是有价值的，换言之，如果这些工作岗位都是吞噬灵魂的，那么就没有价值！值得庆幸的是，目前大多数公司使用人工智能来将日常工作高度自动化，并同时提升员工的技能，注重发挥人力的作用。以埃森哲（Accenture）为例，该公司在没有换掉任何一个员工的情况下，实现了 1.7 万多名员工的工作自动化。这是如何做到的呢？埃森哲的工作自动化体现在金融领域，其员工不再只是负责处理数据，而是通过提升技能，接受再培训成为战略顾问型的人员，帮助埃森哲的客户真正了解数据，根据这些数据来采取行动。而数据的处理工作，如计算和制表，则都是由人工智能和机器人来负责完成的。

麦当劳是一家自动化依赖程度较高的公司，它在许多零售店都安装了自动售货机。麦当劳的首席人力官告诉我，麦当劳没有裁减各分店的员工，而是在采取自动化的同时，保持了原有的规模，甚至在某些情况下还增加了员工数量。这样做的原因在于，麦当劳正逐步变成一家体验型的企业，更加注重提供良好的服务体验，而提供良好服务体验的只能是人，不能是机器。麦当劳的顾客表示，他们最关注的是店里工作人员的热情度和参与度。员工仍在店里工作，只是转变了工作方式。

以上只是其中的两个例子。关键在于，人类不应该与技术对立，而应该利用技术来解决问题或挖掘机遇。

领导者的职责

传统上，优秀的领导者关注两大责任。第一个是决策。通常，领导者有机会获得更多的数据和信息，拥有权威和权力，可以在一些事项上作出关键的决策，比如决定企业的战略方向，或开发新产品和服务。领导者作出决策后，再告知公司的其他员工。事实上，埃森哲对 14 个不同国家中的 1770 名管理者进行了调查，调查发现他们有 54% 的时间都花在了行政协调和控制上（埃森哲，2016）。

科技公司埃维诺（Avanade）在全球拥有超过 3.6 万名员工，该公司的 CEO 是亚当·瓦尔比（Adam Warby）。几年前，我在英国的时候，曾有机会与亚当一起交流。在谈到人工智能时代的领导力和决策问题时，我对他的评价深有同感。他说："我认为，人工智能和技术会对未来领导者起到非常积极的作用。在决策的过程中，领导者能拥有一个合作伙伴，而且还能更多地关注领导力中最重要的方面——人。"

优秀领导者的第二大典型职责是引领员工朝着决策的方向前进，即提高员工参与度、赋予员工权利、调动员工积极性以及激发员工创造性。领导力的一个方面包括引领员工，全世界的公司都正在努力解决这个问题。当然，还有一些其他方面的因素可能也属于这些广义范畴。

通常，不合格的领导者只关注决策。他们认为安排和控制理所当然，只会告诉别人需要做什么。换句话说，他们都是典型的"管理者"。

人工智能将如何影响领导力

我们能发现，现在人工智能大量地涌入公司。在未来 10 年，人工智能几乎将覆盖所有企业的操作系统。如今大多数情形下，人工智能能作出更好、更正确的决策，而且还能分析和考虑更多的数据和信息。这并不意味着，我们应该简单地将决策权交给人工智能，认为它所作的一切决定都对，或对公司和所有人都是最好的。但人工智能确实将会给决策带来很大的帮助，有助于领导人考虑和了解各种可能性。然而，如果你是一个只会作决策、发布命令和实施控制的领导，那你所作的决策能给公司带来什么价值呢？往好了说，价值将变得边缘化，往坏了说，就是不存在什么价值。作为一个领导者，如果你能团结、激励、鼓舞、吸引和指导员工，那你的价值会一下子增值十倍。你的以上品质将是未来领导者最重要的特征。

人工智能将会给未来领导力带来一些特别的影响。首先，要明确指出优秀的领导者与不合格领导者的特点。其次，它能驱使领导者建立一个更加人性化的公司，更多地关注"软技能"。但未来会是怎样，终究还是取决于正在读这本书的你们行动起来，想清楚自己想成为什么样的领导者。

除了人工智能，各种各样的现代技术正逐渐进入人们的日常生活和应用于公司运作，比如增强现实和虚拟现实、物联网、区块链、机器人技术、大数据、可佩戴式设备、量子计算以及其他各种技术。这些技术都将改变我们的工作方式。例如，通过将员工和领导者置于沉浸式的虚拟情境中，虚拟现实能帮助我们训练同理心和解决冲突。现在，沃尔玛经常使用这种技术。区块链是一个公开透明的平台，这意味着它对领导力也有影响。人力资源经理处理绩效评估、技能评价和支付款的方式也可能会发生改变。物联网能给领导者提供更多的数据，但他们可能不清楚怎么处理。全球的领导人都已经在学习如何领导遍布全球的虚拟团队。在这方面，技术会是一个关键的工具，它可以改变领导者的工作，以及工作的方式和原因。

我和那些 CEO 有一样的想法，认为技术会对公司运作和领导方式产生巨大的积极影响，但是这也需要我们抓住机会，不能无所作为。

思爱普（SAP SE）是一家技术软件公司，在全球拥有超 10 万名的员工。该公司的 CEO 比尔·麦克德莫特（BM）认为，现代技术的使用有巨大的潜力和可能性，有利于公司更加人性化。

"人工智能和机器学习给人们带来了很多的不安，但也带来了相当多的机会。其实也不必太忧虑。当人类和机器一起合作时，会产生意想不到的可能性，我们需要对此保持乐观的态度。新兴技术可以将员工从常规和危险的工作中解放出来，从而转移到只有人类才能完成的更高价值的工作，最终让工作更有效，员工更幸福。总的来说，这是一种更好的体验，只有人类才能用到，而机器不能。"

对领导者的启示

- 注重领导力的人性化。
- 帮助其他人理解人工智能和现代技术对工作岗位和职业生涯的影响。
- 寻找可以提高员工价值的技术领域，而不是替代人工的技术领域。
- 不断尝试不同的技术，熟悉这些技术是什么、能做什么，以及在高层次水平上的工作方式。
- 探索可以使用技术来增强和改善员工体验的领域。
- 将人工智能和技术视为公司的合作伙伴。

第 5 章
变革的步伐

不论是从气候变化、全球化、技术、人口统计、网络安全、地缘政治、竞争，还是从其他影响我们日常生活和公司运作的各种趋势上看，很显然变化一直都有，且变化速度很快。今后几十年，我们将经历比过去几百年更多的变化。

我采访过的 CEO 和调查对象都认为，变化将是影响未来领导力的第二大因素，它是一个常量。但是，世界顶级的商业领导人关心的不是变化本身，他们关心的是这种变化是如何快速发生的，而且其步伐还在不断加快。这种变化是由多种变量推动的，包括技术进步、客户和员工需求和期望的变化、竞争和全球化。这感觉就像我们在跑步机上一样，教练一直让我们加快速度。那么问题来了，我们到底能跑多快？

美国思杰（Citrix）电脑软件公司在全球拥有 8500 多名员工，大卫·亨斯豪尔（David Henshall）是该公司的总裁兼 CEO。在我们的一次交谈中，他总结出关于变化步伐的合理观点。他说："变化的速度和步伐在不断地加快，而且在可预见的未来也是如此。因此，任何地方或任何规模的公司都可能发生颠覆性的变化。"

这种速度改变了一切，包括领导的方式，产品如何开发以及如何服务客户。领导者必须理解和接受，这就是他们即将领导的新世界。要是想在这样的新世界中获得成功，唯一的方法就是挑战现状。

如果在 1971 年，你想要储存 1G 的数据（230 首歌曲的容量大致等于 1G），需要支付 2.5 亿美元。而如今，你可以免费获得好几 GB 的储存空间。还记得 20 世纪 70 年代的阿波罗 13 号和 14 号太空任务吗？那时的数据支持来源于阿波罗导航计算机，而这部计算机的效能还不如你厨房里的烤面包机。那时，地球上用于与月球着陆器进行通信和运算的计算机足有一辆小汽车那么大，耗资超过 350 万美元。现在，假如你的口袋里有一部智能手机，它的功能很强大，可以同时指挥 1.2 亿艘阿波罗时代的宇宙飞船上月球（普优，2019）。在未来的五年、十年甚至二十年里，我们会带着什么东西到处走，想想都觉得可怕。

现在建造的使用寿命为 50 年的房产，在未来将见证比现在强大 3000 万倍的技术。一个 11 岁的孩童，在高中毕业时将看到计算机的运算能力呈现 64 倍增长。一个大学毕业生，在 20 年后晋升公司管理层时，他将看到比刚工作时强大 50 万倍的技术（库什曼，2018）。还值得注意的是，自 2009 年以来，太阳能和风能成本分别下降了 88% 和 69%（拉扎德，2018）。

领导一个尚未存在的未来

戴尔（Dell）与未来研究所（Institute for the Future）共同预测，到 2030 年，仍有 85% 的工作岗位尚未被发掘出来（戴尔，2017）。CEO 们都清楚地意识到世界的瞬息万变，也非常关注他们的企业如何去适应这些变化。虽然这种变化将遍及商业运营的方方面面，但技术的变革将是企业最需关注的领域：以前的工作场所正逐渐过时；过去几年中的技术已经陈旧，而新技术正快速涌现；客户的需求也在不断地变化；如今竞争日益激烈，各领域出现了很多新兴企业；创新不再只是小型研发团队的事情；出现了很多我们不知道如何处理的数据，而这也只是冰山一角。其中最重要的是，大多数公司都没有合适的人选来领导这个新的工作世界。

曾经有一段时间，公司制订详细的五年计划是可接受的，甚至也是可行的。而如今，这种计划相当于创造力的一种实践。在 20 世纪 50 年代，标准普尔 500 指数公司的平均寿命为 60 年，几乎是完整的寿命周期。到 1965

年，这项预期寿命缩减为 33 年，1990 年缩减为 20 年，预计 2026 年将缩减为 14 年。企业 60 年的存活周期将成为过去式了，如今的企业能撑到"青年时期"已不错了！《财富》500 强企业也没有好多少，自 1955 年榜单出炉以来，现仅剩 53 家公司位列其中，不足 11%。其他的公司要么破产合并，要么被挤出榜外。你是否还记得以下这些公司呢？比如安德玛（Armour）、美国埃斯马克钢公司（Esmark）、美国国际石油公司（Amoco）、美国无线电公司（RCA）、美国联合碳化物公司（Union Carbide）、伯利恒钢铁公司（Bethlehem Steel）、道格拉斯飞机公司（Douglas Aircraft）。很可能不记得了吧，然而它们都曾是各自辉煌时期的佼佼者。

最近，我曾有机会与皇家加勒比国际游轮公司（Royal Caribbean International）的领导团队合作，该公司在全球各地有超过 8 万名员工，拥有 60 多艘国际游轮。我有幸和他们的 CEO 理查德·法恩（Richard Fain）交谈，当我们谈到变革的步伐时，他告诉我：

> 变革的步伐将越来越快。如果从这个角度去看，你会发现你几乎没有时间去学习、适应，以及传授新的工作流程和做事方式给你的朋友、你的员工。这给领导力带来了前所未有的压力。领导者将更多关注于即将发生的改变，并领导你的员工不断调整工作范式去适应这种变化。所以，我认为这从根本上改变了领导者扮演的角色，而领导者的作用将随着时代发展而越发重要。

简言之，这意味着过去对领导者有用的东西在未来将不会起作用，而对将来有用的东西将会迅速变革！

近期，有一项针对 30 家国际顶尖商学院毕业生的调查，调查认为技术和数字化发展是未来全球商业领袖面临的最大威胁。

我是一个乐观主义者。我们可以将所有的变革视为威胁或者是机遇。艾米·普雷斯曼（Amy Pressman）是 Medallia（一家拥有 1000 多名员工的客户体验元件公司）的联合创始人、董事会成员和前总裁。她对此也表达了乐观的观点："就很多方面而言，我们所经历的变革都是好的变化，但它仍给人们带来了不安，这是因为我们的日常情况可能会有所不同。我们需要适应并利用这种变化，而不要被吓到。"

对领导者的启示

- 多实践和试验想法。

- 自信应对挑战，不要安于现状。

- 接受不确定性，不要让恐惧来指导决策。

- 跟那些比你聪明、更有能力的人打交道。

- 让各级员工有机会分享想法、解决问题和挖掘机遇。

- 与不同的人或公司建立合作联盟。

- 重新审查那些可能已经过时的工作场所政策、程序和规则。

- 致力于改善各团队和区域的沟通与协作。

- 关注那些影响你所在行业、公司和职业的变化趋势。

- 了解这就是新常态。

第 6 章
目标和价值

　　曼迪·格罗斯曼是慧俪轻体（Weight Watchers，WW）的 CEO，该公司在全球有超过 2 万名员工。和其他的 CEO 一样，曼迪也在与我的交谈中表示："各种行业的品牌都必须了解自己的目标和价值，因为这两样东西在未来非常珍贵。"

　　几十年来，商界一直都认为要吸引和留住最优秀的人才，最简单的方法就是给更多的工资。这是企业能够利用的最大杠杆，但现在很明显，员工关心的不仅仅是赚钱。最近，BetterUp 对美国 26 个行业的 2285 名专业人士进行了调查，发现其中 90% 的人愿意用金钱换取工作价值。那他们愿意用多少钱来交换？答案是未来收入的 23%，即平均每年 21000 美元。研究还表明，从事有意义的工作会使员工在公司待的时间更久，带薪休假的时间更少，而且工作更有热情。此外，另一项由 Imperative 发起的，对 40 个国家 2.6 万名领英会员的调查发现，其中有 74% 的人希望能找到自己认为有价值的工作（Vesty，2016）。工作管理软件公司 Wrike 最近发布了一项幸福感调查结果，4000 名来自英国、德国、法国和美国的员工被问到是什么让他们对工作感到满意以及如何影响生产力，英国员工的回答是：促进员工提升幸福感的首要因素是从事有意义的工作和具有目标感（Wrike，2019）。

　　2019 年 8 月，包括亚马逊（Amazon）、苹果（Apple）、波音（Boeing）

和通用汽车（GM）在内的近 200 家美国主要企业的 CEO 发表了一份联合声明，表示股东价值一直以来都被认为是一个企业的目标，但现在不是他们最关心的了。相反，企业的新目标是对员工进行投资，为客户提供价值，与供应商进行合理的交易，并对外部社区提供支持。这是对企业的看法以及如何引导企业发展的巨大转变。

目标和价值不仅仅是"工作问题"，还是人类的基本主题，也是我们天性的一部分。作为一个物种，我们一直在问："生命的意义是什么？""我的目的是什么？""我为什么在这里？"对归属感和拥有更大的人生目标和意义永无止境的追求，不是金钱所能抹杀的。

"目标"和"价值"这两个词通常被组合在一起。尽管两者相互联系，但对我们而言，更重要的是理解它们的不同含义，并加以区分。员工拥有工作，工作具有目的，目的带来影响，影响自然会给员工衍生价值。Paul T.P. Wong 博士是特伦特大学（Trent University）的名誉教授、塞布鲁克大学的副教授、国际个人意义研究所（International Network on Personal Meaning）的主席，他对此提出了简明扼要的观点：目标的作用是实现价值。

工作、目标、影响和价值

在商业环境中，工作不单单指你所做的事情，比如写代码、销售产品或服务、帮助客户，或类似的事情，它还有更深一层的目标。写代码是因为你试图设计一个用户友好型网站，让客户可以容易访问；销售产品或服务，是因为你想帮助公司产生和增加收入；帮助客户是因为你想为他们创造一种很棒的体验，并激发他们的忠诚度。这些影响实际上来源于你的目标。换句话来说，你给客户提供帮助，是希望他们有更好的体验，但你做到了吗？你工作的实际目的到底是什么？假如你原本希望创造良好的体验，但实际的体验却是糟糕的，这就是问题所在。这就好比方程式两边的变量，它们起码要相等。实际状态应该与期望状态相符，最好还要优于期望状态。

目的是一座桥，连接着你所从事的工作和这份工作给顾客、其他员工、社区甚至是世界带来的影响。但你是否从工作中获得了价值？对我们来说，价值主观且独特，也是每一个员工所追求的。工作价值更多体现的是你为什么愿意从事某些事，以及你获得的感受。对于客户服务代理而言，其价值就是通过提供帮助，让他人的生活变得更好一点；对于开发人员而言，其价值也许是解决了复杂的问题；对于销售人员而言，其价值也许是通过销售建立人际关系。正如你所见，尽管目的和工作价值联系紧密，但它们并不一样。

我的工作内容涉及记录、讲述、研究和探索有关领导力、工作前景和员工经验等相关课题。我的人生目标是帮助全球各地创造出能让员工每天都发自内心愿意为之奋斗的企业。庆幸的是，我个人也影响了一些企业及其领导者（至少我是这么被告知的）。当然，从中我也收获良多，例如：了解到自己对世界各地员工的生活产生了积极的影响；自己能够专注于真正感兴趣并热衷的工作，积极地面对挑战，打造只属于自己的生活，与世界各地的同行翘楚们建立良好的工作关系。

如图 6.1 所示，理想的情况下，工作内容应该是显而易见的，目标也应该相当平常且容易实现。但是，大多数人和企业对此却疲于应付，难以看清目标。这是因为我们建立的企业只关注工作、任务和不断需要完成的事项。世界上有很多员工实际上并不知道他们的工作对其他人或事物有什么影响，他们认为自己只不过是机器中的一个齿轮。很多员工努力寻找工作价值的原因之一，是他们不了解自己的工作目标。

图 6.1　创造有价值的工作

我为本书作的研究表明，大多数员工了解自己的工作，但想努力弄清目标、影响和价值之间的关系。领导者了解自己的工作，通常能清楚地认识自己的目标（因为他们掌握更多的信息、见解等）以及影响力，但是他们也在努力寻找工作价值。斯蒂芬·普尔（Stephen Poor）是美国赛法斯肖律师事务所（Seyfarth Shaw LLP）的合伙人兼名誉主席，该律所在全球拥有近 1000 名律师。斯蒂芬告诉我："没有人会追随那些不知道自己在做什么的人，我认识的企业领导人都对自己的特定业务、行业、竞争者、客户或者顾客有非常深刻的了解。"这点很重要，而且对于很多领导者而言，这是他们的目标来源，也是其他人止步的地方。相反，你可以进一步问自己：这些对你来说意味着什么？

罗伯特·哈夫（Robert Half）研究了员工辞职的原因，发现其中一个最常见的回答是"为另一个有更高目标的公司工作"。仅次于"为更高的薪资工作"这一回答（孔，2018）。Reward Gateway（全球知名员工福利平台）进行的另一项研究发现，尽管有 89% 的雇主表示让员工了解公司的使命是至关重要的，但是只有 25% 的员工是完全了解公司目标和使命的，32% 的员工完全不了解这些东西（Reward Gateway，2018）。这是非常基本的东西，这是领导者轻而易举能做到（告知员工）的东西。

E.Y 信标研究所（E.Y. Beacon Institute）和哈佛商学院共同做了一项研究，发现 42% 的无目标引导型公司在三年内收入下降，而 85% 的目标引导型公司的利润出现正增长（Keller，2015）。毫不奇怪，公司注重目标的同时实际上也会提升利润。2018 年，美世（Mercer）对全球 7600 名员工进行了调查，他们发现优秀的人才往往是带着目标来工作的（美世，2018）。

目标和价值是人类特有的东西，我们都期待、渴望和需要它们。很明显，权力的天平已经转移到了员工的手上，世界各地的企业都致力于创造良好的员工体验，让员工真正愿意工作。员工说，他们想要加入那些既有着合理的目标，又能帮他们找到价值的企业。BetterUp 的一项研究发现，员工如果在工作中找到了价值，那他就会有更高的工作效率，在公司待的时间更长，甚至会愿意放弃更高的薪资。90% 的员工也愿意用金钱来交换工作价值（BetterUp，2018）。令人沮丧的是，全世界的雇员都在渴求这样人性化的工作，却鲜有人得到。

设定目标和创造价值

联合利华（Unilever）是真正围绕目标和价值开展开创性工作的企业之一，它在全球拥有约 16 万名员工。目前，该公司已经为超过 3.4 万名员工举办了以目的和价值为课题的互动研讨会，并且人数还在迅速增加。这样做是为了能够摆脱目标陈述，然后将自己的目标与整个企业的目标联系起来，员工也可以真正地发现和理解是什么激励和驱动着他们。参加过研讨会的人有很多，包括领导、销售专业人员、工厂员工以及其他层级的人。在研讨会中，员工反思自己的生活和职业经历、个人价值观，甚至童年记忆。我对此感到既惊喜又宽慰，因为这样的企业正在帮助员工适应社会，并找准自己的定位。

有些人可能会辩称，目标和价值只是为那些生活优越、工作稳定的少数拥有特权的人士所专有，不幸的是世界上大多数人都只是为温饱而奋斗，无暇操心工作的目标或者价值。但这并不意味着这些人不值得拥有目标和价值，无论是国际公司的高级管理者人员，还是门卫、零售员工、零工或者其他层级的人，都有拥有目标或者价值的权利。目标和价值不是工作的一种特权，而是任何级别的员工都应该享有的一项权利。

伯纳德·泰森（Bernard Tyson）曾是凯萨医疗机构（Kaiser Permanente）的董事长兼 CEO，这家公司是美国一家领先的医疗提供商，员工人数超过 20万。不幸的是，在这本书出版之前，他突然去世了。他总结了这一理念：坚持比赚钱更重要。

未来的公司不能仅仅只为了生存下去，仅仅满足于那一点温饱问题，而将自己与周围的社会孤立开来。我们既是社会的一员，社会也是我们其中的一部分。企业参与解决社会问题的时间和方式将继续成为未来领导力的一部分。

对领导者的启示

- 区分工作、目标、影响和价值；四者并不相同。
- 在帮助别人理解自己的工作、目标、影响和价值之前，请务必自己先理解。
- 专注于讲故事，以帮助员工了解自己的工作是如何产生影响。
- 以普通人的身份来认识你的员工，找出激励和驱使他们工作的东西。
- 在吸引和留住人才的时候，要让目标、影响和价值成为公司的核心部分。
- 针对目标、影响和价值，可以考虑开展研讨会和培训课程。

第 7 章

新人才形势

讯乐思（TELUS International）的主营业务是外包和离岸外包，在全球拥有超过 3 万名员工，其总裁兼 CEO 杰弗里·普瑞特（Jeffrey Puritt）告诉我：“在公司里我经常提到，人才的竞争比顾客的竞争更加激烈。”

人才大量短缺

人才的类型、来源以及数量是导致集体劳动力发生巨大变化的三大因素。根据光辉国际（Korn Ferry）的研究，到 2030 年，全球人才短缺的数量大约为 8500 万人，这导致每年将少收入 8.5 万亿美元（光辉国际，2018）。万宝盛华（Manpower Group）对全球 4 万名雇主进行了调查，其中 45% 的雇主表示，如今很难找到合适的员工人选（万宝盛华，2018）。普华永道曾对CEO 作过一次调查，研究发现，2019 年各家公司面临的十大威胁之一是关键技能的缺乏。这个因素在榜单上排名第三，仅比政策不确定性和过度监督低一个百分点（普华永道，2019）。

这种局面是由多方因素促成的。第一，全球的生育率正在下降。以美国为例，新生儿数量低于所需的人口替代率，这意味着人口实际上可能正在下降，因为不断有人去世，但没有足够的新生儿来保持人口稳定。实际上，西欧国家的生育率最低，其次是英国、东南亚、大洋洲、中东欧、中亚和北美，这意味着可雇用人员在减少。

第二，人口正在老龄化。根据美国人口普查局的数据，到 2030 年，美国将有 1/5 的居民到达退休年龄。到 2035 年，美国 65 岁以上的人口将超过 18 岁以下的人口（美国人口普查局，2018 年）。世界上的许多其他国家也都呈现出这种人口趋势，比如英国、澳大利亚、日本和中国。事实上，人类预期寿命正在不断增加，可工作的时间获得延长，但是世界各地的公司并没有采取任何措施来保障高龄员工的就业。实际上，许多公司都"鼓励"他们的老员工退休，以招聘廉价、年轻的员工来替代他们，而这样的做法是非常错误的。在旧电影中，每个人都向尊敬的长者寻求建议或指导，但现实中，企业最想摆脱的人却是老员工。

优秀的公司里面存在着挖掘老人才的巨大机会。他们是公司中经验最丰富的人，是睿智的长者和顾问，所以公司为什么要让他们离开呢？相反，公司应该设立一些职位，让他们继续担任顾问、培训员和指导员，培养公司的下一批人才。

第三，我们会发现只有具备技能才能迎接挑战。我采访过的领导者都对此表示了乐观的态度，他们认为自己的员工能掌握很多新兴的技术和相关技能，比如数据分析、网络安全、增强虚拟现实、区块链、人工智能、机器人技术等。但是，现实并非如此。

技能缺口不仅存在于办公室的工作中，在制造、焊接技术等操作领域也是如此。美国西门子公司（Siemens US）有超过 5 万名员工，当我采访他们的 CEO 芭芭拉·汉普顿（Barbara Humpton）时，她提到尽管有 1 万多人来应聘，但是他们公司仍有 1500 多个职位空缺，在实际操作领域没有具备相应技能的人来填补这些职位空缺。

菲利普·莫里斯国际公司（Philip Morris International）是一家国际领先的烟草公司，其员工超过 7.7 万名，安德烈·卡兰佐波洛斯（Andre Calantzopoulos）为该公司的 CEO。目前，为了创造一个无烟未来，他们公司正在业务转型，最终为成人吸烟者提供更好的香烟替代品。安德烈认为：

随着时代的变化，我们的关注点正从"是否能工作"转变到"是否有能力胜任工作"。如果你的员工觉得自己没有学到东西或获得进步，那么他们离开你的公司是对的！他们为什么想待在一个让他们感到过时的企业？作为一个领导，不让他们有这种想法是你的职责。我们必须承认，现在的人才格局并不是十几年或二十年前的那样，员工并不会一直永远待在同一个企业。

技能提升和重新培训的必要性

社会的发展需要技术的支撑，而不是与技术相对抗。世界各地员工需要大规模提升和更新技能。西门子重新采取了学徒制来应对这个挑战。根据《不列颠百科全书》（*Encyclopedia Britannica*）记载，学徒制始于公元前 18 世纪（数千年前），古巴比伦的《汉谟拉比法典》也对此有所记载。在学徒制下，工匠们需要向下一代的匠徒传授手艺。

企业如何培养知识型员工？一个最典型的做法来自普华永道。他们为员工开发了数字素养应用程序，评估员工对诸如人工智能、区块链、数据分析等高级知识的掌握。对员工的评估从以下四方面展开：技能、思维、行为、关系。评估结束后，员工有权限得知自己应该如何进行提升。这意味着他们可能需要阅读文章、观看视频或者收听广播。这个程序就好像一个内部图书馆，员工通过它可以随时随地学习任何知识和技能，以保证他们能在普华永道做出成绩，这样员工就有动力继续学习和取得进步，提高自己的数字能力。

为帮助公司中成千上万名的员工提升技能，他们创建了一个数字（能力）加速器项目，我也曾有幸同他们合作推进这个项目。这些员工就像移动的良性群体"病毒"，逐渐影响着公司的其他员工。他们被期望能够挑战现状，提出独特的想法和观点，并让公司可以融合不同的思维方式。他们使用加速器对员工进行一段时间的强化和沉浸式训练，帮助和鼓励员工建立不同的思维方式。一年中每次培训都有 400 ～ 500 名员工参与，培训内容包括设计思维、情商等。当很多公司还在探索未来要采取的策略时，普华永道的高级管理者们会站在这些经过重新培训的"新"员工面前说："您就是我们未来的策略。"

对于像普华永道这样的专业服务团队而言，他们大部分收入来源是计费工时，一般而言，员工 90% 的工时都属于计费时间。由于这将近 2000 个数字加速器的作用，员工只用约 60% 的时间便完成了计费工作。公司鼓励员工将节省下的这 30% 时间用来学习、探索和尝试新的想法和做事方式。这在短期内对普华永道的收入造成了巨大冲击，但从长远来看，这是一个非常明智的做法。这是非常明智的选择。这项计划真正令我震惊的一件事是，在现场活动中，普华永道的高级管理者登台说："如果你在这次活动后回到工作岗位时，发现自己正在试图改变现状，而你的经理或团队正在给你阻挠，那么请致电或者发送邮件给我们，我们会亲自为你解决。"你很少会听说高级管理者人员如此乐于帮助自己的员工。当领导人行动起来，推动变革实现，并支持推动变革的人们时，这就是真正的变革。

围绕技能的挑战并不仅仅局限于我们通常所说的"硬技能"。同理心、自我意识、沟通和其他"软技能"在工作中同样被需要，但也短缺。领英（LinkedIn）对 2000 位商业领袖进行的调查显示，57% 的人认为软技能实际上比硬技能更重要。

多元性和包容性的重要性

多元性和包容性也是人才格局变化的重要组成部分，并且也是全球高层领导者的首要任务，这是有原因的。领英最近对 9000 名人才领袖进行了一项调查，有 78% 的受访者表示多元性非常重要。该报告显示，多元性曾经是公司的一个选项。但是如今，多元性直接与公司文化和财务绩效联系在一起。数据显示，78% 的公司优先考虑多元性是为了改善文化，62% 的公司则是为了提高财务绩效。德勤对千禧一代进行了最新的调查，发现在员工队伍中，被认为具有多元性的千禧一代和 Z 世代，更有可能在公司工作五年或以上。

英国阿什里奇商学院（Ashridge Business School）的艾莉森·雷诺

兹（Alison Reynolds）和伦敦商学院高级管理者人员计划的戴维·刘易斯（David Lewis）进行了一项研究，他们发现，我们不仅会依照自己的形象（如种族、性别等方面）来招聘新人，还会倾向于那些与我们想法和做法一样的人。于是，我们最终形成了一个多元性低、"志同道合"的团队（雷诺兹，2017）。而问题是，正如我们早先所发布的调查结果那样，变革的步伐是塑造未来领导力（和工作）的一种首要趋势，这意味着会始终存在较大不确定性。在这种环境下，认知多样性低的团队不能以不同的方式来处理事情（比如：分析与实验对比），而且他们也不能从独特的角度来看待事情，或者创造新的选项。

多元性指的是我们作为个体所拥有的相似性和差异性，包括年龄、性别、种族、信仰、地理位置和教育程度等。另外，多元性实际上是用来增强公司内部不同群体人员的一种力量。换句话说，如果你不能释放员工的潜力，并让他们有归属感，仅仅拥有多元化的员工队伍是不够的。作为领导者，这就是你要做的工作了。

杰夫·戴利（Jeff Dailey）是农夫保险公司（Farmers Insurance）的CEO，该公司拥有约 2 万名员工，并拥有超过 4.5 万名独家和独立代理商。我非常喜欢他对我说的话："最终，每个领导者的目标应该是让每个人都尽其所能地发挥自己的潜力，如果你不具备包容性，这是不可能做到的。"

实际上，加州是第一个要求所有总部设在加州的上市公司到 2019 年底董事会至少要有一名女性成员的州。到 2021 年，这一比例还将增加，届时，拥有 5 名董事的公司将需要有两到三名女性董事，具体取决于董事会的规模，不符合这些要求的公司将面临经济处罚。

麦肯锡（McKinsey）的一份名为《通过多元化实现目标》（Delivering Through Diversity）的报告称，"在高级管理者队伍性别多样化方面排名前 25% 的公司中，盈利能力高于平均水平的可能性比排名后 25% 的公司高出 21%"。在种族或文化多样性方面，排名前 25% 的公司在盈利能力方面表现出色的可能性要高出 33%。（麦肯锡，2018）

万事达卡（Mastercard）在全球拥有 1.4 万名员工，多元性和包容性是他们开展业务的基础。该公司首席执行阿杰·邦加（Ajay Banga）解释道：

万事达卡的信念是没有最好只有更好。我们认为，为所有人创造包容性的机会是经商之道，这些对于我们公司至关重要。我们在所有的工作中都融入了这些价值观，而不只是一纸空谈。我们相信，无论是公共的还是私人的组织，只要它们确定行善是符合自身利益的，并且以体面和包容的方式来运作，我们就能迈向一个人人都能获得健康发展的全球经济。这种经济能创造一个更美好、更透明、可持续发展的世界，也是为全人类创造通往繁荣的有效之路。我们的文化是建立在明确的目标之上，我们要把事情做好，并将多元性视为驱动创新的关键，接受创造性作为我们生存的根本。

陶氏（Dow）是一家材料科学公司（前陶氏化学的一部分），在全球拥有4 万名员工。他们正在采取措施，确保有合适的领导人来推动多元性和包容性的发展，这是陶氏化学的一个主要关注点。这些领导人不仅要对传统的财务指标负责，而且要对 D&I 指标负责，这些是公司记分卡的一部分，同时也是评价领导表现指标的一个组成部分。陶氏化学的 CEO 吉姆·菲特林（Jim Fitterling）在季度全体员工大会上讨论财务业绩时，还会讨论公司内资源团队的多样性和包容性以及员工参与度（彭博，2019）。

谷歌是为数不多根据自己的员工情况发布年度多元化和包容性报告的公司之一，这种做法不仅是对自己的员工负责，也是对全世界的一种负责。在包容性方面，谷歌目前拥有 20 多个员工资源小组，250 多个分会，分布在 99 个办事处和 46 个国家。这些小组由 500 多名员工志愿者领导，小组员工总数超过 2 万名，约占其总劳动力的 20%。谷歌近 80% 的员工已经通过培训和教育学习等方法来了解自己的无意识偏见，并且有超过 2000 名员工已经加入多样性核心计划，该计划允许员工花 20% 的时间来提出建议，提高公司的多元性和包容性。也许最重要的统计发现是，谷歌员工之间没有显著的薪酬差异（谷歌，n.d.）。显然，他们不仅致力于建立一支多元化的员工队伍，而且在赋予员工尽其所能的权利时，还能在谷歌获得归属感。谷歌并非十全十美，但是他们在这方面的确比全球大多数企业做出的努力要多。

人才格局正在发生变化，作为一个负责吸引和留住人才的领导者，你的工作就是按需调整公司。乔治·科罗纳（George Corona）是凯利服务（Kelly Services）的总裁兼 CEO，该公司是一家员工管理和人事服务公司，拥有大约 8000 名员工。乔治认为，人才至关重要，它将决定公司未来的成败：

> 那些会成功的公司势必成功，因为它们拥有优秀的人才。我认为，了解如何识别人才、招募人才以及如何激励人才，在未来会比现在更加重要。

对领导者的启示

- 投资再培训和提升技能项目。
- 努力发展多元化团队，弄清楚自己靠什么来让那些多元化团队获得归属感。
- 制订计划，让年长的员工继续留在公司。例如，让他们继续担任教练或导师。
- 帮助员工了解自己的职业和工作方式正在发生变化，以及可以学哪些技能来维持自己的员工价值。
- 创建人才档案，努力识别公司未来潜在的工作需求和机会。采取长远的目光来看待人才。
- 将多元化、包容性、培训和提升技能与工资和激励项目结合。

第 8 章
道德、伦理和透明度

2012 年 1 月 2 日，《福布斯》发表了一篇题为《为什么百思买正慢慢走向倒闭》的文章（唐斯，2012）。这篇文章在网上有近 400 万次的浏览量。但《福布斯》显然低估了百思买的新任 CEO。

百思买（Best Buy）是一家在全球拥有 12.5 万名员工的消费电子产品零售商，休伯特·乔利（Hubert Joly）是百思买的执行董事长和前任 CEO，于 2019 年退休。他于 2012 年加入百思买，当时公司正处于困境。许多人认为百思买也像其他零售商一样即将消失，但是几年后，百思买不仅存活了下来，而且伴随着收入和股价的上涨（在本书撰写的前 5 年里，股价上涨 271%），以及对未来积极的增长计划而蓬勃发展。其他零售商例如美国无线电器材公司（Radio Shack）和电路城（Circuit City）就没有百思买那样幸运，最后都倒闭了。休伯特和他的团队做的众多改进措施中，有一项就是通过培训、发展项目以及加薪来投资员工。他帮助员工获得更大成就，反过来那些员工也帮助公司更成功。而且他还是在公司最困难的时候这样做，这需要极大的勇气。因为在同样的情况下，其他公司的领导人会削减工资和培训计划，而休伯特却是增加投入。

当我与休伯特交谈时，我感觉自己在和一个集商业领袖、哲学家和僧侣（修道士）于一身的人在交谈。尽管我们讨论的是未来领导力，但他从历史、宗教、商业和自己的生活中汲取了很多智慧，我觉得自己正在和一个有着强烈道德和伦理观念的人在说话。难怪百思买被国际智库道德界协会（Ethisphere Institute）评为世界上最具有道德观念的公司。用休伯特自己的话来说：

> 如果你认为你作为领导者的角色就是成为一群人里最聪明的那个，并确保每个人都知道你有多聪明，那么你就错了。但如果你认为领导者的任务是创造一个环境，帮助其他人成功，那么你就走对了路。你需要成为一个以价值观为导向的领导者，在这个透明的世界里，诚信比以往任何时候都重要。这不仅仅是遵守规则，也是在做正确的事。

伦理与道德

一般来说，伦理标准所指的对与错，主要是指外部因素，如组织的政策或行为准则，它适用于每个人。而道德标准是个人内心的指导原则，它更加主观，主要针对个体。作为领导者，你的道德会影响组织的道德。以安然（Enron）的倒闭为例，它是现代商业世界最大的企业欺诈和欺骗案例之一。很明显，安然公司领导人的所作所为是不道德的，它违反了许多规则和行为准则。但凡这些领导者有自己强大的道德准则来指引他们正确的方向，他们就不会把组织和所有的利益相关者带上背叛和不道德的道路。德国采埃孚（ZF Friedrichshafen）的 CEO 沃尔夫·亨宁·谢德（Wolf-Henning Scheider）（本书的前文所提过），对此提出了很好的指导：

> 未来的领导者要不断进行反思并保持公开透明，其团队也要如此。我在开会的时候，任何员工都可以对公司的业务、政策或行动提出质疑，他们还可以质疑我这个领导者。公司中的领导者也应该接受一切质疑。

根据人才发展协会（Association for Talent Development）的研究，道德基础稳固的企业财务表现更好，员工留存率、客户推荐度和满意度更高（史密斯，2017）。这样的数据不足为奇，一家道德规范的企业是由有良好道德规范和品行端正的领导者担纲的。宾利大学的进一步研究发现，到 2030 年，86% 的千禧一代会成为超过 75% 的劳动力，供职于一家有道德、负责任的企业是他们的最优选择。不幸的是，根据德勤（Deloitte）的研究，真正认为企业符合道德规范的千禧一代不足一半，而认为领导者正在致力于改善整个社会的受访者也不足一半（德勤，2019）。作为一个领导者，如果不重视这一点，就会错过吸引世界上大多数人才的机会。《哈佛商业评论》开展了另一项研究，研究对象来自 15 个不同国家、涉及 30 多家国际企业的 195 名领导者，最终得出结论，拥有"高道德标准和优良品行"是最高领导力的表现。

道德高尚领导者的影响力

一个道德高尚的领导者会对企业其他部门的决策产生重要影响。《2018 年全球职业道德基准报告》发现，在企业文化中道德"薄弱"的 18 个国家，员工在不确定应该采取何种道德行为时，很少会去寻求指导。反过来，在道德文化高的企业中，超过 70% 的员工表示在自己不知道采取何种行动时会寻求指导（伦理学，2018）。这给我们的启示就是：如果你希望员工具有良好的道德，领导就要发挥带头作用。马克·费尔德曼（Mark Feldman）是全球地震台网（GSN）的 CEO，该公司旗下有 GSN 游戏和游戏秀网络（the Game Show Network），他以身作则做到了这一点。

"我每天都会问自己'是否公司中的人都明白我对他们的期望'，换句话，我希望公司中的每一个人都能知道，我让他们做的任何事情，或者对他们有影响的事情，都是深思熟虑后期望他们做的。"

如今，员工、顾客和股东都希望与之合作的，是一个拥有高尚道德领导者的企业，而且这种趋势日渐显著。《对通信千禧一代员工敬业度研究》发现，75% 的千禧一代愿意降低薪水去为社会责任感强的公司工作；64% 的千禧一代不愿意为没有强烈企业责任感的公司工作。十多年来，道德界协会一直都在发布"全球最具道德观念公司"名单，发现每年出现在榜单上的上市公司始终比市场上的其他公司表现得更好。LRN 的另一项研究发现，94% 的员工表示自己任职的公司是否符合道德规范是关键或者重要的（LRN，2007）。埃森哲的一项研究发现，公司的道德观和真实性会影响 62% 消费者的购买行为。另外，有 74% 的消费者希望公司在强调产品采购和确保安全工作条件等问题上要更透明（巴顿，2018）。

比尔·罗杰斯（Bill Rogers）是太阳信用银行（SunTrust Banks, Inc.，约 2.3 万名员工）的董事长兼 CEO，该公司最近宣布与美国分支银行和信托集团（BB&T，3.7 万名员工）合并，成立了美国第六大银行——信托金融公司（Truist Financial Corporation）。比尔说："领导力将比以往更加公开透明。这需要提高人们对社会问题的认识，并让公司认识到顾客希望和那些对社会福利做出更大贡献的公司合作。"

成为有道德的领导者至关重要，往往你的道德观念才是作决策的真正指引。几年前，印第安纳州批准了一项法律，该法律允许企业拒绝向男、女同性恋者或变性人提供服务。这就是所谓的"道德规范"。因为它成了一项法律，所以遵守了该法律的人可以声称自己做的事情没有违背道德。但这符合道德观念吗？Salesforce 的 CEO 马克·贝尼奥夫（Marc Benioff）并不这么认为。因此，他向所有想离开这个州的雇员提供了一项重新安置计划，他表示将取消所有要求雇员或顾客前往印第安纳州的计划。这样做的话，会对印第安纳州带来巨大的经济影响，最终印第安纳州修改了这项法律，禁止这种歧视。马克不是唯一反对这项法律的 CEO 或公众人物，但他绝对是带头的。他这样做并不是因为遵守所谓"规范"，而是因为他的内在道德观念指导他判断对与错。

他在一次采访时说："我想要健康的思想和健康的身体，但是我也希望拥有一个健康的地球和国家，照顾那些有需要的人，这就是我的信念。"换句话说，这是他的道德指引。

可惜的是，这样的领导人不多。2018 年，LRN 进行的"商业中的道德领导状态"研究中，只有 17% 的受访者表示其领导者一般会说实话；只有 23% 的雇员认为他们的管理者是道德领导者（LRN，2018）。布法罗大学（University of Buffalo）的吉姆·勒穆恩开展了一项研究，对 300 个对象进行分析表明，"不论在哪一行业，也不论其所在公司规模的大小或者其所发挥的作用，重视道德观念的领导者都比不重视的要表现得更好"（Biddle，2018）。萨塞克斯大学、格林尼治大学、the IPA 和 CIPD 的研究发现，当领导者做出更坚定的行为时，比如表现出高尚的道德风范，员工辞职的可能性就比较小，且对工作更满意，工作表现也更好（Bailey，2018）。

问题是，道德观念是主观的，这意味着并不是所有人都认同你的道德观念，你也不一定认可其他人的道德观念。但是如果你的团队不知道你的道德观念是什么，以及你作为领导者所处的立场，就会产生问题，这也就是为什么你必须诚实、明确地对待这些事情。

黛安娜·霍斯金斯是一家集建筑、设计和规划业务于一身的 Gensler 公司的联合 CEO，该公司在全球拥有超过 6000 名员工。我很欣赏她的话：

> 大多数成功的企业会传达明确的价值观，这是最基础的东西。作为企业的领导者，我们还需要坚持作为人类所要代表的价值观。我们的员工和客户想知道我们公司致力于什么，也想知道我们这些领导者在他们的专业和个人生活领域能够提供什么样的帮助。

领导者必须公开透明

作为领导者，如果你想要建立信任，就必须努力做到公开透明，也就是要直率、坦诚地面对公司当前和未来将发生的事情。根据职业网站 Glassdoor 的数据，90% 的求职者表示，自己任职的公司是否公开透明很重要（Glassdoor，2018）。当然，不仅是员工这样认为，顾客亦是如此。Label Insight 的一项研究发现，94% 的消费者可能会忠诚于完全公开透明的品牌，而 73% 的消费者愿意付更多的钱购买完全公开透明的产品（Laber Insight，2016）。

"你不能做假，你必须公开透明，毫无隐瞒，遵守诚信。"这是阿姆斯特德工业公司（Amsted Industries）的 CEO 告诉我的，他带领着一支超过 1.8

万名员工的队伍，其公司 100% 由员工持股。

领导再也不能把官僚主义和等级制度当作借口。我们听过了许多的丑闻和谎言，无论是安然还是大众，丑闻事件被揭露后的数年间，其影响仍会对公司造成极大的伤害。每个与公司有联系的人都希望，你作为一个领导者，要建立一个有道德理念、业务透明的公司，并且你的道德观念将成为实现这一目标的指南针。

安德鲁·西蒙（Andree Simon）是 FINCA 影响力金融公司的总裁兼 CEO，其公司有 1 万多名员工。她给了我一种奇妙的感觉，让我明白了成为一个透明、可靠，甚至脆弱的领导者是什么感觉，换句话说，做真实的自己是什么感觉——周围的人明白你是谁，你代表什么，你信仰什么：

一直以来，我认为领导者必须以一种特定的方式来观察和行事，他们必须以绝对的权威行事，绝不示弱。我很荣幸有机会和这位优秀的培训师一起工作。她曾经对我说过一句话："这就像你经常穿着大猩猩服。你拉上拉链，裹在这个令人冒热汗的衣服里，但是你真的不像你自己。"听起来真是一种解脱。我脱下了那身大猩猩服，就作为一个人的信仰以及如何与人交流方面而言，我开始忠于自己，我让自己变得真正自信。

对领导者的启示

- 了解自己的道德准则，你所代表的立场和你的信念是什么？
- 充分宣传做正确的事情，以及保持道德和道德观念的重要性。
- 给其他陷入道德和道德观念困境的领导者和员工提供指导和帮助。
- 在尽可能多的领域都保持公开透明。
- 公开表明立场，在中立区域摇摆是不行的。

第 9 章
全球化

全球化有很多种定义。我喜欢将其理解为可以使世界变得更小，不会因为语言、货币、国家和文化有差异而导致商业流通产生壁垒。世界正变得像一座超大的城市，每个公司也都有可能成为全球性的公司。

曾几何时，我们创造出的东西、我们曾有过的想法、使用过的货币以及我们认同的文化都曾在世界的一角昙花一现。但随着时间的推移，这个范围被扩大了，商人和探险家前往不同的区域，带来了新的文明、想法、货币和物品。于是，原住民开始迁移，很快我们的小村落和其他的村落建立了联系。直到现在，我们的商品和服务、金融市场和技术已经与全球许多国家都密切联系。你可能住在美国，开日本进口车，在当地的德国餐厅吃饭，买新西兰进口的肉，穿泰国制造的衣服，使用中国加工的科技产品——这一切都是因为全球化。

人、思想、技术、信息以及你所能想到的一切东西都变得有活力，就像永无止境的河流，或者更加汹涌的急流。没有什么是一成不变的。随着技术的进步，所有的东西都会更快、更便宜、更有效地传递到地球的每一个角落。人才发展协会的研究发现，只有 18% 的跨国公司认为自己有足够强大的领导力来应对未来的业务挑战（Wellins，2016）。

多元化和好奇心是成功的关键

全球化意味着，现在以及将来的领导者必须是具有全球视野的公民，了解不同的文化及其交流和合作的方式，懂得如何吸引和留住世界各地的人才，与多元化和远程的团队合作，凝聚具有共同目标的全球员工队伍，这些都是未来领导者的必备条件。同时，作为一名领导者，你需要成为一个探索者，一个对不同于自己，或不熟悉的想法和文化有兴趣、好奇的人。

遗憾的是，今天的领导力发展计划不是为这种新型的未来领导者而设计的——这个内容将在本书的后面部分进行介绍。

夏朗达（Pierre-Andre de Chalendar），圣戈班（Saint Gobain）的总裁，其手下有超过 18 万名员工，他对此发表了意见：

因为数字技术和基础设施的发展，世界正变得越来越全球化，伴随着区域特色的强势回归，也变得越来越本地化，因为对当地文化的充分了解是成功的关键条件。因此，公司的领导者必须应对这两个相反的趋势。

对领导者的启示

- 就职期间，在世界不同的地方体验如何领导公司。
- 将外国的思想、文化、人视为学习的机会，而不是心怀恐惧。
- 全面了解业务，而不是仅仅关注特定的领域。
- 关注全球宏观趋势。

第 10 章
我们准备好迎接这些趋势了吗？

本书的第 1 至第 6 章介绍了全球 CEO 认为的影响未来领导力的主要趋势。但是，我们现在是否对这些趋势采取了行动？如果有，那做得如何？有一项对将近 1.4 万名领英会员进行的调查，询问他们的经理、高级管理者人员是否意识到这些趋势，让公司做应对的准备。受访者可以从以下 4 个选项中进行选择：

没有

有点

当然

不适用——我没有任何经理

调查对象根据不同级别被分成几部分，包括普通员工、经理和高级管理者人员。结果令人大吃一惊，如图 10.1 所示。（"不适用"的回答较少，因此这一项不在考虑范围内）

	你意识到趋势变化并采取行动来应对了吗？	你的经理意识到趋势变化并采取行动来应对了吗？	你的高级管理者意识到趋势变化并采取行动来应对了吗？
没有	6%	16%	16%
有点	35%	59%	51%
当然	56%	20%	28%

图 10.1　根据领导力趋势采取行动

调查表明，员工并不是很确信他们的经理或者高级管理者有能力让他们的公司做好准备以应对未来领导力的趋势变化。有趣的是，相比在领导岗位的人，普通员工对自己的行为更有信心。如果员工对他们领导的能力没有信心，他们怎么能为公司工作呢？

当把普通员工与领导者（经理或者高级管理者）进行比较时，这项数据就变得更加有趣了。如图 10.2 所示，你会发现职位越高，越会相信自己正在采取行动去应对。

	所有调查对象	普通员工	经理	高级管理者
没有	6%	9%	4%	2%
有点	35%	36%	36%	29%
当然	56%	50%	58%	68%
不确定	3%	4%	2%	1%

图 10.2　你是否正在采取行动，为塑造未来领导力的趋势做准备

当所有的领导者（经理和高级管理者）被问及是否正采取行动来应对趋势变化，61% 的人回答是"当然"。然而，当普通员工被问及自己的领导者是否采取了行动时，只有 21% 的人回答是"当然"。这意味着，在领导者看待自己应对这些趋势的行动与员工看待他们的领导应对这些趋势的行动之间存在 40% 的巨大差距。

所有员工中只有20% 认为他们的经理肯定意识到了趋势的变化并采取行动，只有 28% 的员工认为他们的高级管理者肯定会意识到并做好准备。然而，有50% 的普通员工认为自己正在采取行动，有 58% 的经理这么认为，有68% 高级管理者这么认为（其中自由职业者占58%）。当比较那些回答"肯定"的普通员工和领导者（经理和高级管理者）的数据时，员工看待领导者的行为和领导者看待自己的行为之间相差40%（见图 10.3）。

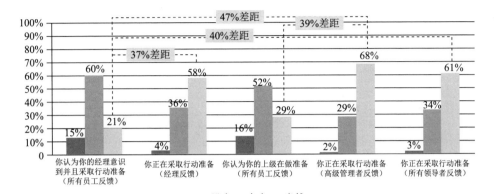

图 10.3　员工和领导之间的差距

最后，对经理和高级执行官的回答进行对比（见图 10.4）。

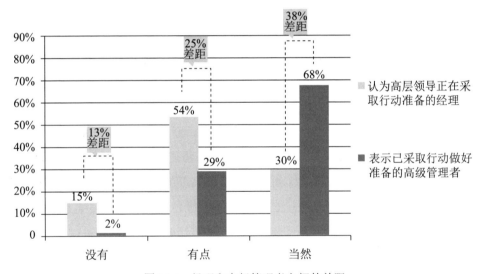

图 10.4　经理和高级管理者之间的差距

即使在这里，我们也可以发现经理和高级管理者的回答存在巨大差距，这就是整个公司的差距。例如，20% 的普通员工认为他们的经理没有采取行动应对趋势变化，而只有 4% 的经理自认没有采取行动。这导致在"没有"这列中出现了 16% 的差距（见图 10.5）。

当综合所有的调查数据和从 CEO 处得来的反馈时，结果令人担忧。但是，这也表明了世界各地的领导者和公司都大有作为，我学到了以下东西。

	普通员工和经理的回答差距	普通员工和高级管理者的回答差距	经理和高级管理者的回答差距	普通员工与领导（经理和高级管理者）的回答差距
没有	16%	17%	13%	13%
有点	22%	22%	25%	25%
当然	37%	40%	38%	33%

图 10.5　对领导趋势采取行动的回答差距

少说话，多做事

全球超过 140 家公司的 CEO 认为，这些特定的趋势对于未来领导力至关重要，但似乎他们的话与他们的行动并不相符，尤其是我采访的 CEO 一直告诉我，他们正在为应对趋势变化而行动。我敢说，全球的领导者只不过在动动嘴皮子。

我的假设是，如果 CEO 认为某个趋势很重要，那么公司肯定会采取行动来应对。当然，识别趋势和应对趋势有所不同。世界各地的 CEO 和领导者需要行动起来，确保自己和员工都意识到这些趋势变化，并积极采取行动来应对。目前的状况是，言语胜于行动，但是我们需要的是，行动胜于言语。事实上，中层管理者、高级管理者和 CEO——所有领导层级的人都需要紧跟形势。例如，领导者可以通过分配资源来探索未来趋势，或者是举行相关讨论会，让趋势成为日常生活的话题。此外，还要与基层员工执行内部研究计划，并确保整个高级管理者和领导团队都行动一致。

公司内部的差异

就对于这些趋势的意识以及如何应对而言，公司中各个级别的员工存在明显差异。大多数的领导者相信他们能应对这些趋势，然而只有少部分的下属员工对此表示同意。这可能是很多原因造成的，例如公司的等级制度森严、官僚主义盛行、缺乏沟通和协作、对领导的恐惧迫使他们把注意力集中在自我保护或其他因素上。领导层级越高，他们与员工之间的差距越大，这表明了他们可能已经脱离了公司的日常工作，需要花更多的时间来了解底层的状况。

关键是，领导者必须要更好地学习和交流讨论这些趋势，从而向团队表明他们意识到了这些趋势，并在为之付出行动。作为领导者，你可能对事情的变化感到习以为常，但是你的员工需要对此有所了解，否则他们就不会有信心和信任，而这些是你有效领导的必要条件。如果你的员工不信任你，你就不可能领导他们，除非你表达对这些趋势的理解，公开表示正在为应对这些趋势做准备，并表明你也在为帮助其他人做好准备。要记住，员工经常模仿领导者，所以通过更多的沟通，公开自己在做的事情，也是帮助员工变得更成功的过程。询问员工有关这些趋势的问题以及他们有何看法，了解你的员工在关注什么以及为什么，为你和你的团队制订一个共享计划，根据行动项目来更多地了解这些趋势。

员工对自己比对周围的人更有信心

各个层级的员工都认为，他们比周围的人更了解这些趋势，并且正在采取行动做好准备，这意味着他们对自己比对同事更有信心。在心理学中，有一种概念叫作优越幻觉或高于平均数效应，这是一种认知偏差，在这种偏差中，个体高估自己的素质和能力。实际上，在很多领域都存在认知偏差。人们倾向于认为自己是更好的操盘手或者倾听者，觉得自己更有自知之明。当然，这也是人们为什么会认为自己比周围的人在应对未来趋势方面做得更好的原因。还有另一种可能，我们真的都为即将到来的变化做好了准备。然而，从我职业生涯中所做的工作来看，我的认知告诉我，事实并非如此。我鼓励公司创建、开发资源和展开评估，不断地让员工评估自己对未来领导力的准备情况，从而充分地了解自己和公司所作的准备。这些资源评估活动有趣且让人乐于参与。在本书的后面，你可以找到普华永道在类似项目上的示例，我还列举了员工的回答，从数据中你可以看到他们的回答接近经理管理者的水平。

　　研究结果很明确：领导者可以做得更好，也必须做得更好。你的员工想知道你在考虑未来——他们的未来。你的员工应该对你有信心，你可以引导和领导他们。这里充满了无限的机会。把这个当作你的战斗号角，激励你加紧努力。那你接下来打算怎么办？

第 11 章

挑战

领导者总面临着各种挑战，未来也会如此。但是 10 年后，乃至更遥远的将来，未来领导者又必须学会克服哪些严峻挑战呢？我采访了 140 多位 CEO，归纳出以下未来领导者将面临的严峻挑战：

- 短期思维与长期思维
- 领导多元化团队
- 适应技术进步和变化
- 再培养和提高员工的新技能
- 紧跟整体变化动态
- 吸引和保留人才
- 开阔视野，贡献社会
- 汲取既往成功经验
- 确保组织管理"人性化"

我问了各位 CEO："在未来 10 年的组织管理方面，哪些会是未来领导者所面临的最大挑战？"他们纷纷给出了开放性的回答，上述所列挑战是最常见的回答。领英会员调查把这些答案添入其中，让受访者选择其认为的前三大挑战。你可以看到，排序结果随受访者职位的高低而有所差异。然而，不可否认，由于各 CEO 给出的是开放性回答，所以他们也许忘记提及某项具体的挑战，或者可能已经假设这些答案就是未来的挑战。我把这些回答进行了整理对比。图 11.1 展示了普通员工、经理、高级管理者以及总裁选择的前三大挑战。图 11.2 则列出了所有的挑战以及上述受访者对挑战的整体排名。

普通员工	经理	高级管理者	CEO
吸引和保留人才	吸引和保留人才	吸引和保留人才	紧跟整体变化动态
适应技术进步和变化	适应技术进步和变化	适应技术进步和变化	领导多元化团队
再培养和提高员工的新技能	再培养和提高员工的新技能	紧跟整体变化动态	适应技术进步和变化

图 11.1　未来领导者的三大挑战

	普通员工	经理	高级管理者	CEO
短期思维与长期思维	27%	26%	29%	10%
领导多元化团队	31%	38%	36%	38%
适应技术进步和变化	42%	45%	45%	25%
再培养和提高员工的新技能	40%	40%	39%	10%
紧跟整体变化动态	35%	36%	41%	55%
吸引和保留人才	47%	46%	46%	16%
开阔视野，贡献社会	22%	20%	20%	10%
汲取既往成功经验	7%	5%	5%	4%
确保组织管理"人性化"	32%	29%	27%	10%

图 11.2　未来领导者的严峻挑战

　　普通员工、经理和高级管理者在选择未来领导者会面临的前三大挑战，甚至是以上列举的所有挑战时，选择结果都高度一致。但是，CEO 们的选择结果却与他们有出入。对创业者而言，再培养和提高员工的新技能必定是优选，但 CEO 在访谈中几乎把这项挑战省去（有 40% 的 CEO 选择，11% 的 CEO 不选）。除此之外，吸引和保留人才是其他三类受访者的首选挑战，而它却没有进入 CEO 们的前三名单。确保组织管理人性化几乎是 CEO 们的末选，但它在其他三类受访者的名单中却位列中间。出现这种选择差异可能有多种原因，因为 CEO 们给出的回答开放性很大，而其他受访者只能从 CEO 们明确的回答中挑选。

所有挑战可归为两类，我称之为未来化挑战和人性化挑战（如图 11.3 所示）。未来化挑战包括从短期思维到长期思维、适应科技进步和变化、紧跟整体动态和吸取既往成功经验。人性化挑战包括领导多元化团队、再培养和提高新技能、吸引和保留人才、贡献社会和组织管理人性化。

图 11.3　未来领导者的挑战分类

未来化挑战

未来化挑战，顾名思义：将管理面向未来。该挑战适用于业务的各层面，包括从技术到领导力中的所有层面。在驶向未来的途中，如果领导者频繁留恋过去，那终将无法前进。

短期思维过渡到长期思维

我们向来习惯着眼于短期发展，期待季度管理会出成效。训练一两个月，就期待自己成为运动员；刚刚建立个人品牌，就期待自己名声大噪；迅速学会某样知识，就以为自己是专家。我们生活和工作在一个容易满足的世界，在我看来，它让我们忽视了一个成功的重要因素——耐心。正如联合利华集团执行长保罗·波尔曼（Paul Polman）所说："有太多执行官采取季度模式，根据季度来管理业务。然而，世界上的多数挑战无法靠一种季度思维模式来解决。"

《哈佛商业评论》的一项研究发现，实际上，企业的短期主义思维和其创新性呈负相关（诺特，2017）。

作为未来领导者，你必须将视角从只关注短期成效转移到关注管理和员工的长期成效上。

过去和未来

作为领导者，我们常常利用既往经验并用它指导当下，到头却发现结果不尽人意。这是因为过去成功的因素并不一定适用当下，更不用说未来。过去数十年间，国际象棋界的特级大师会先发开局出棋，因为他们是公认的顶尖棋手。但随着时代发展，我们学会了使用电脑，了解更多国际象棋的理论知识，出棋方式也有所改进。如今，如果一个国际象棋大师还用几十年前的开局思想来下棋，那他的棋子只会被吃掉。同样的道理也适用于商界。

来自西门子公司的芭芭拉·汉普顿谈过这个道理，我很赞同。她说："难道我愿意把自己的沙堡踢毁然后重建一座？周围时刻在变，我们是否能足够灵敏地把握前进时机？我认为这是领导者面临的最难问题。"

未来领导者必须借鉴过去经验，但他们若想成功，还必须适应变化，设想出适合未来的新方法。参考下曾任棒约翰比萨（Papa John's Pizza）和康恩都乐（Dunkin' Brands）CEO 的奈杰尔·特拉维斯（Nigel Travis）的建议：

在我的职业生涯中，我最大的收获就是明白期待的重要性。我会一直展望未来，同时留条退路。换句话说，我会一直期待新的视野，我会期待它早点到来。我不断地将自己置身于一种处境中，迫使自己不能利用过去的方式方法，从而让我必须创新。成为伟大领导者的关键之一即继往开来、推陈出新的能力。

紧跟并适应科技发展

未来领导者将面临的最大挑战之一，即尝试紧跟变化动态和适应势头强劲的科技进步，该挑战比当下的挑战更艰难。当你感觉快要把握周围动向时，环境一变化，自己又置身于一个陌生的环境中。这时你要如何跟上节奏呢？毕竟，现实中不会提供解决方案，因为"紧跟变化"的前提是未来的不确定性，这也是最难的地方。

迈克尔·内朵夫（Michael Neidorff）是美国医疗企业森特内（Centene）的 CEO，该公司在全球约有 5 万名员工，总部位于圣路易斯。他任职 CEO 长达 20 多年，尽职尽责，表现出色。他说："不确定性是人人都会面临的最大挑战，不过，在现今的环境中，勇于创新和技术改革才是继续进步的关键。不要视其为一种障碍，而要将它看作通往未来的途径。"

对创业者而言，他们必须明白，不应与变化相抗争。变化是不确定的世界中的确定性。许多人害怕变化，这是一种自然反应，因为我们不知道变化后可能会发生什么。但是，如果你把变化看成一种持续发展、接连不止的过程，而非一种有起点和终点的事物，你会发现并没有什么可担心的。改变你自己对变化的想法。

吉姆·怀特赫斯特（Jim Whitehurst）是红帽公司（Red Hat）的 CEO，该公司是一所全开源软件公司，全球员工约有 1.3 万名，最近以 340 亿美元被美国国际商用机器公司（IBM）收购。吉姆很好地表达了对变化的态度："世界变得越来越不确定，组织领导者的任务就是加强收购团队实力，不断适应，站稳脚跟。而秘诀就是要包容不确定性，而不是克服它。"

国际象棋特级大师不可能学会棋盘中每一种可能出现的出棋方式。正如我之前所提，这实际上是一个无限游戏。那么，他们是如何训练和进步的呢？我经常下国际象棋，最近开始和国际象棋大师一起上课。顶尖棋手必须注意的一点就是棋盘格局。他们可以一边对弈，一边识别出那些会迅速触发其"超能感官"的对应位置和结构。领导者必须学会掌握格局。

领导者同样必须练习"10 的次方"。我在采访 IDEO 设计公司的 CEO 提姆·布朗（Tim Brown）（已卸任，在位任职 19 年）时，他给我介绍了一部20 世纪 70 年代上映的短片《10 的次方》（YouTube 可免费观看，短片时长约9 分钟）。短片的开头是一对夫妇在草坪上野餐，然后画面缩小 10 倍，出现了更大的公园，再缩小 10 倍，原来这对夫妇周围还有河流主道、建筑、船只以及有汽车奔驰的街道。画面继续缩小，直到出现离这对在草坪上的夫妇有10 亿光年距离的外太空。接着，画面重新放大，直到看到 0.000001 埃，这一远超过细胞水平、达到原子水平的体积大小。

领导者需要以 10 的次方思维思考，既能把握宏观，又能掌握微观，以及两者间的平衡。以技术举例，领导者必须理解计算机技术、工业技术或世界技术的潜在所指。同时，他们也要能理解各项技术对员工个体和组织内部任务的大致影响。领导者必须懂得顾大局而不忘小节。

顾大局而不忘小节会让你处事独立，不会看到新鲜事物就去追逐。练习10 的次方会帮助你理解如何安排自己的时间和资源。

人性化挑战

世界上的任何公司都可以摆脱技术生存，但没有公司可以失去人力。全世界的 CEO 们都认为人力一直是现今和未来任何组织内最有价值的资产。人性化挑战包括以下内容：领导多元化团队、再培养和提高员工新技能、吸引和保留高尖人才、贡献社会和组织管理人性化。

曼弗雷（MAPFRE）是一家总部位于西班牙的国际保险公司，全球员工约有 4 万人。该公司的 CEO 安东尼奥·胡尔塔斯（Antonio Huertas）十分推崇管理人性化。他在采访中提道：

管理公司的方法就是保持真诚，与股东真心交流，真心实意地领导团队，甚至在社交媒体上展现真实的自己。如果你作为一个领导人在工作中不想展露真我，那么你也不能期望旁人坦诚相待。在这个超连结世界，我们需要秉承人道主义精神，以人为中心。

领导多元化团队

在我们职业生涯中的某些节点，我们都是团队的一分子，团队里大家都是同类，有着同样的信念和背景，干着同样的工作。正在读这本书的你可能就属于我所讲的这种团队。我曾见过这些团队的"一把手"。我多次采访过国际集团的首席执行官，每次一进到公司就发现里面全是身着西装、上了年纪的人。有趣的是，采访过后，总有人默默地到我身旁，取笑他们的团队过于同质化。我们的团队不应成为笑柄，是时候改变现状、整顿团队了。

一个多元化团队包括来自不同年龄段、背景、文化、地方的人，拥有不同宗教信仰的人等。领导一个同质化团队很简单，这其实是一种逃避，过程结束时团队只需要应声附和。领导多元化团队有两个方面的挑战：第一，作为领导人，要有勇气确保多元化团队的实际成立；第二，改变思维模式和技能，以有效领导多元化团队。

在斯坦利·麦克克里斯托（Stanley McChrystal）将军的《打造黄金团队：复杂世界的新规则运用》（*Team of Teams: New Rules of Engagement for a Complex World*）一书中，他谈到了在伊拉克战争中遇到的种种挑战。他当时领导一个包括海豹突击队、陆军特种部队在内的多元化团队。虽然各部队都有自身优势，但让他们优势整合和联合作战并不容易。因此，麦克克里斯托决定将团队多元化整合（麦克克里斯托，2015）。比如，让一个突击队员花几个月时间和分析团队协作，让一个分析师花几个月时间和突击队协作。成立这些多元化团队后，他们成功击溃了发射仓口，战斗力比单一部队更强。

乔治·奥利弗（George Oliver）是江森自控（Johnson Controls）的 CEO，这是一家拥有 12 万名员工的跨国集团。乔治说："要想成功，就要创建一支多元化团队，它要比传统的同质化团队更具创造性。江森自控打造的多元文化的基础就是团队合作、团队激励以及最终人人以团队共赢为目标努力奋斗而获得的认同感。"

吸引和留住高尖人才

在可预见的未来，人才是组织所拥有的无价资产。人才是指那些设计产品和服务，与客户建立人际关系，展望和创造未来，引领团队的人。这些人才决定了公司的未来。

世界上的企业领导者一直面临着人才挑战，随着岁月变迁，吸引和留住人才变得越来越难。公司会加大在员工体验上的投资，为员工创造更适宜的工作环境。其中也使用不少技巧，许多领导者费心丰满自己的各种角色，员工则拥有历史以来最大的发言权，他们可以分享自己的想法、价值观和对公司的期待。从前员工要说服公司相信自己任职能力的日子一去不返，现在是组织说服员工留下来任职。这是人才世界里的彻底反转。

麦肯锡全球研究所（McKinsey Global Institute）的近期研究预测，2020年欧洲和北美的雇主对高学历求职者的需求量比对低学历求职者的需求量多1600万名到1800万名。有多项角色的公司完善一项角色都难，更不用说和高尖人才一起完善所有角色（凯勒，2017）。

巴里·拉弗迪（Barri Rafferty）是凯旋公关（Ketchum）的 CEO，在全球拥有 2000 多名员工。关于人才，她说了这样一番话：

如果你想吸引和留住高尖人才，你需要下功夫提高他们的工作体验感。员工会因此拥有更多权力，并且权力会越来越大。我们得和员工一起打造公司，而不是为了员工而打造。领导者必须明白，离开了员工，你们自身和管理的组织将一无是处。

再培养和提升员工新技能

新技术层出不穷，技术进步的速度逐渐放缓。这些新技术带来了新的工作方式、前所未见的商业模式，既有挑战又有机遇。未来领导者面对的挑战不仅是要确保新员工会使用新技能、适应新技术，同样要确保老员工可以转换角色，发挥新作用。我们一直认为在教育机构和管理组织中的收获能让我们在整个职业生涯中获益。大多数组织对未来劳动人员所需的工作、事业、技能或思维方式一概不知，那么它们如何培训和雇用员工呢？

　　假如你公司大部分员工有合理原因担忧自己被技术替代，你作为领导者应如何回应呢？一个有效考验领导力的测试就是看你持续投资团队的能力。我们会优先投资一线团队，给他们难得的晋升机会。职业发展还需要发展员工的自我意识和自我审视。新技术产生时，全方位的鼓励会提高员工的工作积极性和持久性。

　　上面这番话来自达维塔肾透析公司（DaVita Inc.）的 CEO 兼董事会执行主席肯特·西里（Kent Thiry），该公司是一家拥有近 8 万名员工的医疗公司。

　　我希望更多的领导者能接受这样一种心态，再培养和提高员工的新技能不仅可以让公司盈利，还可以展现你的领导者形象和你关爱员工的态度。

　　以亚马逊公司（Amazon）为例，它最近宣布了"再培训 2025"计划，耗资 7 亿美元，预计到 2025 年培训 10 万名员工（占公司员工总数的 1/3）上岗高技能工作，培训项目面向公司所有员工。这意味着如果员工决定上岗另一份工作，将会在公司内拥有更大的内部流动性。比如，制造部的工人将能学习一些必要技能，再过渡到学习类似于机器学习这种技术性更强的岗位。这些项目由 Associate2Tech、亚马逊技术学院和机器学习大学共同组织。亚马逊重视该项目的原因非常简单，该公司急需填补 2 万多个空缺岗位。除此之外，亚马逊眼光长远，还为员工提供可在其他公司使用的专业证书。

　　埃森哲、美国电话电报公司（AT&T）和摩根大通公司（JPMorgan Chase & Co.）等公司也制订了长期的技能再培训计划，未来投资额预计达数亿美元。

贡献社会

我们作为个体，在意是否成为组织的一部分，在意效劳的组织是否对社会有所贡献。我们希望成为致力于对社会、集体和世界有积极影响的组织成员。但遗憾的是，即使这是领导者公认的最大挑战，随着我们对季度利润和盈利的热烈追捧，人们逐渐忘了这一点。贡献社会的挑战在于，领导者不仅要进行从追求盈利到乐于奉献的转变，还要指导教育他人包括所有股东进行转变。

林恩·朱里奇（Lynn Jurich）是美国日弛公司（Sunrun）的 CEO，该公司是美国家用太阳能和能源服务业的龙头公司，员工共有 4000 多人。林恩对奉献社会非常感兴趣：

领导者需要开阔眼界，除经营资本市场外，还要经营其他领域。领导者必须了解其组织在所处政治体系、社会制度内对待弱势群体的方式。所有机构的领导者都需要扪心自问，自己对贡献社会、造福人类付出过什么。

未来领导者必须能证明和阐明该组织的工作正在让世界变得更美好，而这不能只通过漂亮的财务回报和财务业绩来表现。

微笑品牌是一家美国牙科服务供应商，员工共有 5000 多人。该公司在格拉斯多的企业评级上达到近五星，此外，公司的 CEO 史蒂夫·比尔特（Steve Bilt）同样获得了 98% 的员工支持率，这两种高评级几乎没有其他组织获得过。微笑品牌的公司文化建立于一句简单的企业使命之上：对人人微笑。尽管它听上去像营销词，但在微笑品牌公司，这是一句与患者、提供商、雇员、供应商和同行伙伴建立联系的至理真言。2013 年公司所有权变更后，两位创始人史蒂夫·比尔特和布莱德·施密特（Brad Schmidt）离开了公司。新领导者试着通过改变企业使命，并在所有试点处宣扬新使命来展现自己的独特风格。新使命更换成"给提供商和牙医团队自由，保证患者第一，致力于成为社区内最受喜爱的牙科诊所"。内容一派商业范，不心系雇员，未考虑他们的想法。新使命不仅不如旧使命简洁，更重要的是，它的内容和公司的管理方式极度脱离。2016 年比尔特和施密特回到公司后，老员工恳求他们恢复"对人人微笑"的企业使命，因此它被一直使用到现在。比尔特说："我们的业务始终与人有关，它始于我们的员工和企业文化。当我们做到这点后，自然而然地就会影响到患者和广大的社区。所以，心系员工、牢记目标不是我们传递对人人微笑的'原因'，而是原因背后的'方法'。"

管理人性化

思考一下多数组织遇到季度亏损会做什么——它们会迅速裁员，就像卸齿轮一样。事实上，"齿轮"可指代"雇员"，我们数十年来就是这样对待员工的。

组织管理更加人性化意味着我们作为领导者要正视那些与我们携手并肩、忠心工作的员工。他们每个人都是个体，有家庭和朋友，会担忧和紧张，怀有希望和梦想，有内在和思想，抱有目标和志向，重要的是，他们像你我一样都是人。在技术驱动的世界，我们常常忽视自己的人性，但请记住，领导者是灯塔，要指引员工走向未来、获得安宁，而不是撞向礁石，走向毁灭。

麦克·德蒙特（Mike McDerment）是云会计公司 Freshbooks 的 CEO，该公司共有员工 300 人，为自雇专业人员提供云端会计软件。我非常欣赏麦克的一段话："尽管技术在不断革新，但有一点不会改变：人们仍然在寻找人性化体验。我们都是。"FreshBooks 为了保持管理更加人性化，让员工自愿参加盲选会，但这并不是相亲，而是把不同团队里那些很少有机会交流的人聚集在一起的专业性约会。他们可以去喝咖啡或共进午餐。约会的重点是让员工放下同事的身份，更贴近彼此。领导者可更了解员工，掌握公司底层和内部动态，从各部门和高层汲取经验、交流想法。这个过程既有趣又有人情味。

贝瑞·威米勒（Barry-Wehmiller）是一家拥有 1.2 万名员工的制造业公司，它和其他公司一样计算收益和保留额。然而，公司领导者并不认为这些营业额代表员工总数，而称其为心脏计数器，用来提醒自己工作的员工是一个个鲜活的人，而不是可消耗、可替换的齿轮。领导者需将组织内的每个员工视作心脏和灵魂，而不是简单的头脑和双手。

鲍比·察克（Bobby Chacko）是优鲜沛公司（Ocean Spray）的 CEO 和董事长，这家农业合作企业共有员工 2000 人。鲍比清楚正视员工的重要性："随着组织复杂化、领导者利用更多技术，他们常常忽视人为因素。相反，不管公司引入多少技术，领导者必须不断思考，他们应如何利用技术与工作的人性面相联结，如何不失去人情味。"

挑战在前，准备不足

领英会员调查的问题之一是受访者如何准备应对挑战。不同级别受访者对该问题的分析回复如图 11.4 所示。数据清楚表明，经理和高级管理者都没有准备好应对这些挑战。

	你的经理在面临挑战时准备如何？普通员工的回答	你自己在面临挑战时准备如何？经理的回答	普通员工和经理的回答差距	你的高级管理者在面临挑战时准备如何？员工回答	你自己在面临挑战时准备如何？高级管理者回答	普通员工和高级管理者的回答差距	你的高级管理者在面临挑战时准备如何？（经理的回答）	经理和高级管理者的回答差距
毫无准备	23%	4%	19%	23%	3%	20%	21%	18%
有所准备	40%	33%	13%	39%	28%	11%	40%	12%
准备就绪	28%	47%	19%	27%	47%	29%	30%	17%
准备充分	8%	15%	7%	9%	22%	13%	8%	12%

图 11.4　未来领导者应对挑战的准备情况

62% 的普通员工认为高级管理者在应对未来挑战时"毫无准备"或只是"有所准备"，而 69% 的高级管理者则自认为"准备就绪"和"准备充分"。61% 的经理在看待高级管理者应对未来挑战的准备情况时，其观点同普通员工基本相同。

通过数据我们得知，假如全世界的领导者和组织确实采取了应对措施，他们可以抓住其中蕴藏的巨大机会。

有一些挑战是未来领导者必须努力应对的。事实上，我们现在已经遇到过这些挑战，但十年后这些挑战会变得更加艰巨。

　　这对未来领导者意味着什么？他们要如何适应未来发展趋势，如何克服上述挑战？首先，他们需要用一种全新升级的思维方式和技能来武装自己，我称之为"九大要点"。

九大要点简介

　　从这本书所做的所有研究中，我总结出未来领导者需要掌握的四大思维模式和五大技能，简称"九大要点"（如图 11.5 所示）。四大思维模式包括探索者思维、厨师思维、服务思维和世界公民思维，这四种思维模式我会在第三部分进行详述。五大技能包括教练技能、未来主义者技能、科技青年技能、译者技能和尤达技能，我会在第四部分进行详述。

图 11.5　九大要点：思维模式和技能

　　掌握和使用九大要点，并让周围同事一起行动，会助力你成为一名对未来胜券在握的领导者，让你未来的事业有所保障，并且将自己对公司的价值提高十倍。

第三篇
四大思维

第 12 章

探索者思维

The Explorer

在探讨这 4 种思维模式的细节之前，我想有必要解释我所说的思维是什么。思维就是你思考的方式，其反过来也会影响并塑造你的行为。

举个例子，有一种领导，他们相信公司存在严格的等级制度，在这等级制度之下，他 / 她有责任告知每个人应做什么，所有决策由他们制定，因为他们在公司的地位将永不会受到质疑。这类领导思想更为保守，不接受外界的观点，缺乏同理心以及自我意识，其最终会创造出一种毒性文化。此外，还有另外一种领导，这类领导认为要为身边敢质疑假设、勇于挑战现状的人服务，并且他们清楚地知道工作与生活的界限正开始变得模糊。这类领导将会建立一个更为人性化的团队，相互信任，给员工提供心理上的安全感，在这个团队里，员工会受到重视，会受到公平对待。

作为一名领导者，你所相信的将会影响你所属的组织类型，同时也会影响你创建什么类型的组织。这是一件很难改变的事，因为我们当中许多人只学会了一种领导力风格和做事方式，而这种风格和方式如今已不再奏效。至于思维模式，你没办法伪装它，也就是说，你不能表面上公开透明，然而私下里却相信命令和控制，你的员工迟早会发现你表面一套背地里又一套，你最终会成为一个失败的领导者。

在采访中，CEO 们认为有 12 种思维对于未来的领导人是必备的。这 12 种思维模式中有几种是相互联系的，因此我将它们归为了 4 种思维（见

图 12.1）。例如，好奇心与学习是两个独立的思维模式。但是，若是没有其中一个那么另一个也将无法存在，因此，它们组合在一起便成为探索者思维。全世界的 CEO 们皆认为，到 2030 年甚至更远的将来，在这一部分提及的思维模式于未来的领导者而言是最为重要的。作为一名领导者或是未来的领导者，这些思维模式你必须要明白并且要加以践行。从今天开始，这是你作为一个领导者必须思考的问题。

图 12.1　未来领导者的四种思维模式

探索者思维概述

历史长河中，充斥着探险家发现新大陆、新人类、新物种的故事。探险家是探索未知的人，但并不是所有探险家都是领导者。欧内斯特·亨利·沙克尔顿爵士（Sir Ernest Henry Shackleton）却两者兼是，既是探险家也是领导者，然而他却不为大多数人知晓。他出生于爱尔兰，居住在不列颠岛。1914 年，他跟随探险队去往南极，为完成跨越海岸横穿南极洲长达 1800 英里的目标。他们当年并没有完成该目标，但是，接下来所发生的一切却是至今为止关于领导力最为重要的一课。

为寻找船员，沙克尔顿爵士在报纸上发布了一则相当直言不讳但又十分诚挚的招聘广告："寻求想要去冒险的人。工资低，天气寒冷，需适应长达数月的黑暗、持续的危险，能否安全回来是未知数。但一旦成功你将获得荣誉和认可。"试想一下，若是你的公司也像这般直白地告诉应聘者其真实的工作情况，会有人们前去应聘吗？对于大多数公司而言，其工作描述与沙克尔顿描述的都大同小异，但是有一点不同，那就是即使公司成功，大多数员工也不会获得荣誉以及认可。

有几十个人前来应聘船员工作，随后旅程就此开始了。没过多久灾难就降临了。当他们正航行穿过南极海岸线边缘的威德尔海时，他们的船只"坚忍号"困在了冰里，长达 10 个月。最终，这艘轮船坚持不住破裂了，随后沉没，至今都还未找到。船只沉没以前，全体员工收集了所有物资，连同三条救生船，把一块浮冰当作家，在上面连住了 5 个月。他们不知道还能活多久。

最终，浮冰慢慢融化，逐渐变薄，全体船员迫不得已跳进救生船。沙克尔顿决定前往大象岛，这段旅程历经了 5 天，一路上都在与狂风怒浪做斗争。他们在海上漂了一年多，才驻足大象岛。大象岛上无人居住，也不适合人们居住，沙克尔顿知晓若是他们再继续待在岛上，最终全体人员都会因岛上的恶劣条件死亡。于是他带领 5 名船员乘坐受损最小的一只船，前往距大象岛 800 英里之遥的南乔治亚岛寻求帮助。途中连续好多天都乌云密布，狂风暴雨，只有几天出了太阳，他们向着太阳的方向行进，历经 16 天终于抵达了目的地。但是旅程并没有就此结束。他们到了南乔治亚岛，还需与该岛屿上另一端的捕鲸站取得联系。沙克尔顿和两名船员徒步前去捕鲸站，剩余船员待在救生船上。他们从救生船上拿了螺丝钉并把它们钉在鞋底，以增加在雪地里行走的摩擦力。做好准备工作后，便前往捕鲸站，差不多花费了两天时间徒步穿过冰川和雪地。

他们终于与捕鲸站取得了联系，只是那时他们已筋疲力尽，饥肠辘辘，脆弱不堪。取得联系后，他们立马前去援救留在救生船上的那几个人，最后历经 3 个月，尝试了 3 次才营救出遗留在大象岛上的 24 名船员。28 名船员全部生还。几年后，沙克尔顿又开始新一次的南极探险，然而就在旅程之初，他突发心脏病去世，享年 47 岁，葬于南乔治亚岛。

这个故事最令人惊讶的不只是所有人全部生还，还有他们是如何幸免于难。即使他们当时身处浮冰上，沙克尔顿也试图与船员们开玩笑，所以他们当时都没有考虑自己岌岌可危的处境。当时，沙克尔顿鼓励船员们讲故事，向自己的亲人敬酒，甚至还一起打了冰球，一起唱歌。他一直在告诉船员：团结就是力量。据后来找到的船员日志显示，在他们的心目中，沙克尔顿的精神从未动摇，日志上还记录了他的乐观、力量，对同行船员的尊敬与钦佩。他总是把所有人的需求放在自己之前。

大副莱昂内尔·格林斯特里特（Lionel Greenstreet）是如此形容他们的"老板"的："沙克尔顿首先想到的是他下面的船员。他只要员工有充足的衣物，从不在乎他自己没穿衬衫就出去了。"

我在读沙克尔顿写的故事时，就一直在想，若是现在的公司领导人处在沙克尔顿的境地是否也会以同样的方式行事。我们都知道答案——会同样行事的领导不多。如今的领导者总是把焦点放在利润上。但是试想一下，若是焦点不放在金钱上，而是放在与你共事的同事包括你自己的身上，那将是什么模样的领导者。

欧内斯特·亨利·沙克尔顿爵士的故事和历史令人着迷，现在有许多讲述他生平的书籍和电影。他不仅是一个伟大的探险家，还是一个伟大的领导者，这正是他体现了真正的探索者思维的原因，而这也正是未来领导者必须具备的思维。这意味着你需要成为一个充满好奇心的坚持不懈的学习者，具有成长型思维，思想开放，灵活敏捷。

好奇心

迈克尔·戴尔（Michael Dell）在被问及 CEO 在未来成功必备的一个特质时，他给出的回答是"好奇心"。沃尔特·迪斯尼（Walt Disney）对此也表示认同，他的名言是："不管怎样，在这儿我们都不会一直往回看。我们勇往直前，不停地打开新的大门，做没做过的事，因为我们好奇。是好奇心不断地引导我们开辟新的道路。"甚至伟大的阿尔伯特·爱因斯坦（Albert Einstein）都承认："我没有什么特别的才能，有的不过是强烈的好奇心罢了。"

还是儿童时，我们都怀着一定的好奇心，想要了解事物是如何运作的，我们的极限在哪里。当我们在接受教育后，继而被全球化的公司聘用之后，我们表达好奇心的能力逐渐减弱。在学校时，我们总是受到教导，要给出正确的答案才能通过考试。在企业时，我们被激励和告知要好好做自己的工作，要赚钱、避免失败、挑战现状。好奇的本质是冒险、犯错、挑战现状，但我们在学校和公司所学的却与这些背道而驰。巴勃罗·毕加索（Pablo Picasso）曾经说过："所有的孩子都是艺术家。但问题在于长大成人后如何能够继续保持艺术家的灵性。"

员工们即使好奇，也不能表达或是满足其好奇心，这在企业中尤为明显。孩子们可以尽情展示他们的好奇心，他们也完全能够挑战权威、质疑现状。然而，在大多数企业，这般行事的人都会被视作问题员工。这就是为什么许多员工虽然提出质疑但却始终只在自己脑中实行的原因。我们都有去探索的想法，想要尝试的事物，想要提出的改进意见，但不幸的是，我们始终把这些事情藏于自己的脑海里。好奇与能够表达好奇心并将之付诸行动之间是有很大区别的。

世界日新月异，我们的企业必须要适应变化，未来将是具有好奇心的领导者来领导这些企业。好奇心是种心态，这种心态将迫使人们去追求新想法、新产物、新服务以及做事情的新方法。

布拉德里·雅各布（Bradley Jacobs）是货代物流公司 XPO 的 CEO，该公司在全球拥有 10 多万名员工。他在早期创建了美国联合租赁公司（United Rentals），该公司是加利福尼亚州北部最大的器材租赁公司，并且在他任期中带领公司完成了 500 多起收购，在《巴伦周刊》、Glassdoor 网站等榜单上跻身于世界最佳 CEO 之列。而布拉德里主要的推动力就是好奇心。他告诉我："在实现有效领导方面，好奇心就好比青春之泉。"

经验更为丰富的领导者通常还认为，他们已经在这场游戏中博弈了许久，因此他们在做事时能毫不费力，以他们一贯的方式来行事。国际 SOS 救援中心（SOS International）是世界上最大的医疗及旅行安全服务公司，拥有超过 1.1 万名员工。该组织于约 40 年前由安努·韦西晔（Arnaud Vaissié）和其儿时好友共同创建，现由安努·韦西晔领导。安努已经当了许多年领导了，任期几乎比我采访过的任何一位 CEO 都要长。人们很容易认为，他已经见证了一切，并且全部都经历过了。安努曾对我说过："由于我已经做了很长时间的领导者，因此我需要始终满怀好奇心，以此为优势，不要漠不关心。有时候你会说，我什么都见证过了，但坦白说，世界日新月异，没有人是什么都看过了的。"

我很喜欢一篇论文中对于好奇心的定义——"好奇心通常被定义为对新奇的、不确定的、复杂的、模棱两可的事件的探索意识、追求和渴望"（Kashdan 等，2017）。它本质上是在询问"假使……将会怎么样""为什么""怎么样"。

马克·斯马克（Mark Smucker）是盛美家食品公司的总裁兼首席执行官，该公司拥有 7000 多名员工。马克在与我的谈话中说道："我想，现在的企业比以往更渴望知晓为什么，为什么我们要做出改变，为什么我们要这么做，为什么我们公司受到了挑战，我们能有别的解决办法吗？然而切记，这个'为什么'尤为重要。"

过去的几年里，托德·卡什顿博士（Dr. Todd Kashdan）一直在带领团队研究好奇心。他为创作《好奇心状态报告》（State of Curiosity Report）加入了默克集团（Merck KGaA），于 2016 年发表了《2016 年好奇心状态报告》，于 2018 年发表了《2018 年好奇心状态报告》。《2018 年好奇心状态报告》是基于 3000 多位调查对象的数据而完成的（Kashdan，2018）。研究发现，企业中好奇心极强且极具创新潜力的员工都具备以下 4 个鲜明的特征。

愉快探索

愉快探索就是我们认识和获得新知识、新消息，由此获得学习和成长的快乐过程。托德表示，愉快探索是大多数人满足好奇心的过程。他们认为，好奇心就是像孩子一样爱摆弄、探索新事物。

缺乏敏感性

缺乏敏感性即个人意识到其所知与其欲知存在差距后，试图去缩小差距。例如，在我知道好奇心是未来领导者必备的最重要的思维之一后，我需要尽我所能去学习这一专题，以弥补知识差距。阅读书籍，查看调查研究，与托德等专家谈话。这会是一次紧张忙碌而又压力巨大的经历，有点像创作这本书的过程！托德指出，缺乏敏感性可能也是领导者容易陷入混乱的地方，因为这并不像我们传统意义上的好奇心（愉快探索）。

开放性

培养好奇心需要开放性地接受他人不同的观点与想法，并有意尝试做事的新方法。领导者要能够接受自己说"我不知道"，重视他人的观点与想法，而不是认为，因为自己是领导，天生聪明，能作更好的决策，对企业更有价值。在我采访过的 CEO 中，近 20% 的 CEO 明确表示，保持开放的态度对于未来领导者而言至关重要。

伊塔乌联合银行（Itau Unibanco）是南半球最大的金融集团，总收入超过 420 亿美元，资产超过 4000 亿美元，在全球拥有超过 10 万名员工，其 CEO 坎迪多·布拉切尔（Candido Botelho Bracher）在我们采访过程中极力强调，思想开放对于现在以及未来的领导者而言都是至关重要的：

随着企业转型变得越来越频繁且十分必要，未来领导者必须始终开放地接受下属或是第三方的质疑和设想。在这种情况之下，我们不能期望领导者始终掌握全面的知识、信息和答案。未来越来越多领导者将必须依靠各种各样专业背景的员工以及他们不同的观点，以作出最好的决策。这就意味着，为了创建一家成功的公司，领导者必须对其他人的观点持开放态度。

压力耐受

在谈及好奇心时，最后这一个特点（压力耐受）并不是我们一定要考虑的特点。毕竟，好奇心应该是快乐的、放松的、自发的、探索性的，对吧？好奇应全是快乐的探索。事实上，正如我上面提到的，正如托德和他队友认为的那般，好奇心将会使人备感压力，因为你正在探索新的、不熟悉的、不确定的事物。作为一名领导者，你不仅需要知道如何管理好奇心，还需要帮助你的团队成员明白如何处理好奇心。

我们需要更多好奇心

看看这 4 个特点，就很容易明白为什么我们在职场没有更多好奇心了。在工作中我们大多数人都没有时间去获得新知识，并且在现有的工作量下我们才能勉强维持生计，免遭灭顶之灾。根据领英（LinkedIn）发布的《2018年职场学习报告》——该份报告对全球 4000 名员工进行了调查，其中 94%的员工表示若是公司对他们的职业发展进行投资，他们留在公司的时间会更久，然而员工说他们感觉停滞不前的首要原因是没有时间去学习与工作相关的且在工作中取得成功所需要的技能（领英，2018）。

任何类型的漏洞通常都是不受欢迎的，许多组织拥有的工具和学习计划已经过时了几十年，这意味着员工们不会费力去使用它们。学校和企业教会我们要专注于做正确的事，引进巨额投资，尽其所能提高效率，缩小风险。还有，团队通常是由肤色相同、行为一致、信仰相同、工作地区相同，甚至从事相同项目的个体组成，这也就意味着缺乏认知多样性。

法律服务提供商公理公司（Axiom）在全球范围内拥有超过 2000 名员工，其 CEO 为埃琳娜·多尼奥（Elena Donio）。埃琳娜曾说："保持好奇心，聆听他人意见，在公司各处收集意见，能够接受挫折的打磨（允许自己脆弱），明白最好的答案往往不是来自上级领导，而是来自与客户关系最密切、最了解我们这个领域中所发现的问题与机会的一群个体，要积极创造、执行、奖励这种形式的对话，这真的至关重要。"

梅丽莎·史密斯（Melissa Smith）是威克斯股份有限公司（Wex Inc.）的CEO，该公司在全球范围内拥有 4000 名员工。当我们谈及员工数量时，她回应道："我非常喜爱思想的多元性，这为公司创造了竞争优势，因为在引进不同类型的领导者后，他们会以不同的方式在思想上相互碰撞。"

在企业中好奇心似乎受到了影响，其部分原因是我们只着眼于眼前，喜欢与熟悉的人待在一起。等级本身就是自创造以来最容易快速复原的结构，其旨在拒绝接受任何新的、不熟悉的事物，这就意味着任何一种改变都很难去实现。在大多数企业中，好奇心几乎都被视作一大问题，因为它会打乱企业秩序。领导者需要把新事物、不熟悉的事物当作机遇，而非威胁。在电视系列片《星际旅行：下一代》（*Star Trek：The Next Generation*）中，舰长让－卢克·皮卡德（Jean-Luc Picard）在片头提供了画外音：

> 宇宙，人类最后的边疆。这些都是"进取号"星舰的航海旅程。它接下来的任务将是去探索未知的新世界，找寻新的生命与新的文明，勇敢地航向前人所未至的地域吧！
>
> 若现在大多数领导者给出画外音，那可能听起来会是这样：
>
> 宇宙，新的疆域。但为什么我们要费心去探索呢？这些是"进取号"星舰的航海旅程。它接下来的任务将是确保维持现状，保持低调，避免变化，去往我们曾去过的地方！

听起来这真是一场精彩的表演，对吧？

正如我早前提及的，为领导者设立的筛选程序类型将会反映出领导者的类型。那些只专注于短期结果的领导者会发现，他们所带领的团队将会深陷与好奇心的斗争之中；而那些着眼于长期发展的领导者将会看到与之相反的影响。回忆起百思买（Best Buy）和其前首席执行官休伯特·乔利（Hubert Joly）的故事，他为公司转变作出的努力几年后才显现出来。假使休伯特只着眼于公司每季度的业绩，那么百思买很可能早已不复存在了。

在企业中，当好奇心不被支持时，各级员工就仿佛断了条手臂一样，最终还会增加业务成本。在这样的环境之下，好奇心怎么能够得到培养呢？哪怕只是一点点。

明尼苏达矿务及制造业公司（3M）在全球拥有 10 万名员工，该公司的职责在于为各种行业提供产品及服务，包括制造业、医疗行业、消费品行业，甚至劳动者安全行业。明尼苏达矿务及制造业公司有着独特的企业文化，即员工可以用其 15% 的时间去从事他们真正为之激动并且感兴趣的事。当然，员工仍然需要确保他们能够履行其现有的职责，但是他们有时间去好奇。因此，明尼苏达矿务及制造业公司见证了许多因员工的好奇而引发的创新，包括多层光学膜、砂轮磨料（用于汽车修理和制造的砂光机等工具）、报事贴、混合空气净化器。然而，这 15% 的时间可以不必用于生产产品、创造服务，它可以用于改进业务流程或是创建一个员工特别兴趣组等事情。员工能花费 15% 的时间去从事他们感兴趣的事物，这与财捷集团（Intuit）在一定程度上有相似之处。

　　并不是所有的企业都会给员工一定的时间来满足其好奇心。其他企业只是简单地给予员工空间，或是成立员工可选择性加入的项目，在这些项目中员工能获得时间以及资源去探索他们的想法。微软公司有一项"微软车库"项目，该项目是微软公司鼓励并支持员工去实干的地方。在第一资本金融公司（Capital One），各级员工不管是何职位有何职责，都受到鼓励去提出新想法，提出问题，挑战现状。他们注重创意的价值，在他们看来这胜过任何等级制度。

　　贝恩公司（Bain）是一家管理咨询公司，设立有外派项目，在这个项目中员工能够在世界各地的不同公司以及非营利组织工作，每次为期 6 个月。员工通过外派学习，不断接收新想法、新文化、新观点，这有助于培养好奇心。

　　假设现在你是贵公司的"首席好奇官"，你会实施什么样的计划或采取什么样的想法来帮助创造和鼓励这种思维？为什么现在还没有付诸行动呢？

　　我非常荣幸，曾与意大利国家电力公司（Enel）的 CEO 弗朗西斯科·斯塔拉切（Francesco Starace）进行了谈话。意大利国家电力公司是一家能源企业，拥有近 7 万名员工，是欧洲市值最大的电力公司，在全球范围内拥有超过 7300 万个客户。在众多强调好奇心的领导者中，弗朗西斯科是其中一员。他说："领导者必须拥有天生的好奇心，以使他们能与发生在他们周围的变化与事情保持密切的联系。"

　　"不要失去联系"。我非常喜欢弗朗西斯科说的这句话，因为失去联系正是在我们不再好奇的时候，那时我们会与我们的团队、客户、企业以及身边的人都失去联系。

　　正蓬勃发展的企业中的员工和领导者可能会更不愿意表现出好奇心。毕竟，很显然，有些因素在起作用，不然公司现在也不会发展得如此之好，对吧？只有在事情没有进展得很顺利时，人们才会倾向于挑战现状，表现出好奇心。公司经营得越糟糕，我们可能会越具有好奇心。这在创新领域是极为典型的。企业在事情没有进展得很顺利时，通常会把创新摆在首位，因为它们需要一些新事物来走出目前的低谷。通常在这时 CEO 会召开全体会议，"在过去的几个季度我们过得十分艰难，所以我们现在真的亟须一些新想法来帮助我们变得更好。"与其在船沉时强逼自己保持好奇心，不如在一切进展顺利时探索新想法和新方法。

即使再成功的企业也需要充满好奇心的领导者和员工。皮克斯动画工作室（Pixar Animation Studios）是一家极为成功的公司，制作了许多部热门动画电影，如：《头脑特工队》（*Inside Out*）、《玩具总动员》（*Toy Story*）、《赛车总动员》（*Cars*）、《海底总动员》（*Finding Nemo*）、《怪兽电力公司》（*Monsters, Inc.*）。新进公司的员工往往不愿去质疑公司已经十分成功的做事方式。为解决这一问题，联合创始人兼总裁艾德文·卡特姆（Ed Catmull）把公司曾犯的错误都列了出来。艾德文鼓励新员工保持好奇心，从第一天起就去挑战做事的方式。

当谈及领导者时，艾德文认为，领导者不应该去阻止风险，相反他们应该去培养失败不可避免地发生时使企业迅速恢复的能力。这一说法是完全正确的。谢莉·阿尔尚博（Shellye Archambeau）是计算机软件公司MetricStream 的前首席执行官，该公司拥有超过 1500 名员工。她还是威瑞森电信（Verizon）和诺德斯特龙公司（Nordstrom）的董事。当我问及关于职位的事时，她表示："那些学会承担最大风险并且能够承担最大风险的人将会表现得最好。周围的一切都在变化时，若你不敢冒险，那你也将不能够在机会出现时抓住它。"

托德及他的团队所进行的一项研究显示，提高好奇心的三个最为重要的因素是：独立自主（独立完成任务）、责任心（对项目直接负责）以及自由（留出必要的时间去探索新想法）。你和你的员工具备这三个因素吗？

哈佛商学院的弗朗西斯科·吉诺（Francesca Gino）最近对 3000 名员工进行了一项研究，该研究发现，仅 24% 的员工表示他们在工作中经常对任何事物都备感好奇，而 70% 左右的员工则表示他们在工作中会面临许多关于提出质疑的障碍（吉诺，2018）。该研究还发现，好奇心受到激发时，我们决策失误会减少，创新会增加，群体冲突会减少，交流会更加开放，因此团队绩效也会随之更好。弗朗西斯科说："培养各级员工的好奇心会有助于领导者以及员工适应不稳定的市场环境和外部压力。当我们的好奇心受到激发后，我们会更深入、更理性地思考决策，想出更富于创造性的解决方案。除此以外，好奇心还能让领导者从追随者那里获得更多的尊敬，也能激励员工与同事建立更加信任、更为协作的关系。"

弗朗西斯科还发现了两个常见的好奇心障碍，尤其是涉及领导力时。第一个是，领导者认为鼓励员工保持好奇心会使管理公司更难，因为员工将得到许可去探索他们感兴趣的领域。领导者还认为，好奇心会导致意见不一致，作决策以及执行决策的能力就会减弱，从而增加公司的成本。第二个好奇心障碍是以探索为代价追求效率。这意思是，我们会沉迷于完成我们当前的项目，而不会真正花时间去提出质疑或挑战传统的工作或思考方式。请注意，好奇心障碍归根结底都是金钱的问题。当领导者们将金钱置于一切之上时，他们和他们的员工就会不惜一切代价去追求金钱。

20 世纪 90 年代里德·哈斯丁（Reed Hastings）租借了由汤姆·汉克斯（Tom Hanks）主演的电影《阿波罗 13 号》（Apollo 13）的录像带。《阿波罗 13 号》是一部关于第七次载人登月任务的精彩影片，当然，任务并没有实现。不幸的是（这件事或许十分不幸），里德归还时放错了录像带的位置，导致最后交了 40 美元的滞纳金。我也还记得 20 世纪 80 年代租借录像带，当时总是十分困惑，租金怎么比买磁带的钱还要多！在我父母不得不为我犯下的错误买单时，他们完全不感到奇怪。

里德十分生气地开车回家，本打算告诉他的妻子他今天交了一大笔滞纳金，突然他想到了一个主意。如果录像带租赁业务像健身俱乐部一样运作会怎么样？在健身俱乐部你只需要支付一个月的月费，然后这个月里你想去多频繁就多频繁，为什么录像带租赁不能用类似的办法运作呢？因此，网飞公司（Netflix）就应运而生了。今天，网飞公司正在彻底改变娱乐行业，并且他们不断地在问自己"如果……怎么办""为什么""如何做"。好奇心现在成为网飞公司的企业九大价值观念之一，这一点也不奇怪。今天，网飞公司拥有超过 7000 名员工，估值超过 1520 亿美元。

好奇心强的领导者会挑战现状，改变世界。

终身学习

雅虎（Yahoo!）前首席执行官玛丽莎·梅耶尔（Marissa Mayer）现在是沃尔玛的董事。我们见面时，她正在讲述沃尔玛全球首席执行官和沃尔玛美国区总裁共同出席的一次员工会议。在该会议上，有人举手提问："你们是如何度过相聚时光的？"两位首席执行官相互对视了一眼，回应道，他们会用自己 3/4 的相聚时光去相互学习。

像欧内斯特·亨利·沙克尔顿爵士这样的探险家都是终生学习者。沙克尔顿爵士手下的任何一位船员无论什么时候都可以来和他交流，这是在今天的企业界经常谈论的一种"门户开放"政策。沙克尔顿还组建了一个多样化的团队，团队里有生物学家、艺术家、摄影师、物理学家以及气象学家。这些人来自世界各地，包括美国、苏格兰、英国、德国、澳大利亚、印度等。他还鼓励他手下的船员在各自领域之外进行交叉培训，并且还鼓励他们对这艘船以及这次探险的各个方面进行了解。沙克尔顿自己则会在开始探险前花时间在南极洲与捕鲸者了解威德尔海。即使在他年轻的时候，他也是一个求知欲极强的读者，这也最终激发了他前去冒险的热情。16 岁时他就离开了学校，但因为家里没有足够的金钱，他无法前去海军军校或是商业军校就读。因此，他在一艘帆船上做了海员学徒，周游世界，建立了良好的人际关系，学会了如何与各行各业的人一起生活、沟通、合作。他一路晋升，最后终于有资格指挥自己的船了。（美国公共广播公司，2002）。

今天不论你是一名领导者还是一名个人贡献者，都不代表你在未来也是。企业今天所处的位置，也不代表将来仍然还在这里。作为领导者的你学习时，与你共事的员工也同样会去学习。过去几十年，我们一直认为，要想在职业上和个人生活上都取得成功，我们需要的知识只能在教育机构或是应聘我们、培训我们的企业中学到。这种想法曾暂时是正确的，但现在已经得到证明，这是一种过时的思考方式，并且在未来几年它将被彻底摒弃。大多数人在大学毕业时，他们所学的大部分知识已经过时了。

美国退休者协会（AARP）是世界最大的为 50 岁及以上的人服务的非营利组织，乔·安·詹金斯（Jo Ann Jenkins）是该组织的 CEO。该组织拥有超过 3800 万名会员，2300 名员工。乔·安认为，学习是人类的无价之宝。

　　未来的领导者必须在他们的企业中灌输一种学习文化。企业若不一直学习和适应变化便会失去竞争优势，最终将不复存在。我们已经一次又一次地看到这种情况，将来它会发生得更频繁、更快。而且，企业若不发展学习文化，便不能聘用和留住它们成功所需的人才，那些人才就会去向别处。这种终身学习文化之于未来的领导者就如空气和水之于人类一样至关重要。

终身学习由几个部分组成。第一，相当明显，不断学习新事物。然而，学习新事物也仅是生活的一部分。今年，你知道了去年或是前年不知道的事情，也经历了去年或前年没经历过的事情。但是终身学习并不是悠闲地坐着，等着新事物来找你，而是积极地去寻找新事物、新的人、新想法，这就是最关键的区别。第二，经常将所学应用到新的情况和场景中，在这本书中是指工作环境。终身学习的最后一个组成部分是明白应用所学知识的结果或反馈。

学习通常有几种形式。第一种是课堂学习，即结构化的学习，通常发生在教育机构等场所。第二种是自主学习，它在本质上更具有自主性，但在某些方面仍然是结构化的。比如，普华永道数字健身应用程序就是自主学习的典型例子，带着学习新事物的目的听播客或 TED 演讲也属于自主学习。第三种是经验式学习或自然学习，通过这种形式你可以更自然地去学习。想想孩子们是如何学习玩捉迷藏的，捉迷藏可没有任何结构化课程或是课程结业证书，只有从实践和经验中去学习。在工作场所，你也许可以通过公司的协作平台与同事交谈获得一些深刻见解。这种学习形式也可以带有目的性。

课堂学习通常是我们个人无法控制的，这就意味着对于未来的领导者而言，自然学习和经验式学习就变得至关重要了。这也意味着，你需要对自己的学习负责。利用自己的空余时间研究一些事情，观看 TED 演讲去学习一个新的概念或想法，找个播客去听取其他商业领袖的见解，抽时间和同事喝一杯咖啡。杰·克罗斯（Jay Cross）在他的《自然学习》（*Informal Learning*）中写道："劳动者在咖啡厅学到的东西比在教室还要多。他们通过自然学习学会如何工作：和别人谈话，反复试验，与消息灵通的同事一起工作。员工在工作中学到的东西中，只有 10% 到 20% 来自课堂学习。"

我创建播客《与雅各布·摩根共事的未来》（*The Future of Work with Jacob Morgan*）的原因之一就是为了学习。我很荣幸有机会能够经常采访世界顶尖的企业领袖、作家、未来主义者，并向他们询问一些我真正好奇的事情。迄今为止，我在节目中已采访了 300 多位领导者，并且，短期内我不打算停下来。领导者需要把自己定位成学习者，这意味着不要总是待在小隔间或是你漂亮的大办公室。

成为一个终身学习者的第一点就是应用你所学到的知识。毕竟，学点东西是很好的，但是在企业中，若你不能实际应用，你所学的知识其实是毫无用处的。你可以采取多种形式。或许你在业余时间看了工作流自动化的视频或上了一些有关的课程，在你必须不断获取信息，并将其复制粘贴到不同的表格或文件后，你能应用所学的工作流自动化的知识吗？如果你一直在仔细研究同理心和自我意识，那你能在与顾客打交道时或与员工关系紧张时实际应用那些概念吗？

成为一个终身学习者的第二点就是要意识到应用后的反馈，然后重新应用自己从反馈中所学到的东西。你周围的人是否注意到你在应用所学到的新知识时的变化？你是否从中得到反馈？你是否注意到周围发生的变化？由于你一直在践行同理心和自我意识，或许员工就更信任作为领导者的你，在工作上也更投入。注意这些，然后根据需要去作出调整。

全世界的企业都在努力让终身学习成为它们企业文化和行事方式的一个更明确的部分。美国电话电报公司（AT&T）在全球拥有 27 万名员工。该公司最近得出了一个关于劳动力的惊人发现：其公司有一半员工不具备公司要求具备的各领域必要技能，并且其中还有 10 万名员工在从事与硬件相关的工作，而这些硬件在未来 10 年可能都会不复存在。这促使该公司启动了一项名为"未来准备"（Future Ready）的大规模计划，预计投入资金 10 亿美元。这一计划的核心是与课程的时代（Coursera）和优达学城（Udacity）等在线学习平台合作，为员工提供方便快捷的在线课程和项目的获取渠道，然后他们可以利用这些课程和项目来提升自己的技能。这些通常被称作微学位，因为这些课程高度专业化，极具针对性，并且不需要像四年大学一样投入金钱与时间。事实上，这些项目大多数只需几天或几周就可以完成。这一项目最吸引人的是他们创设了一个平台——职业智力。

若你曾经在股票市场投资过，那么你可以通过这个平台获取所需的预测、趋势、业绩以及相关数据，以便作出正确的财务决策。这就是美国电话电报公司设计的职业智力，除了提供技能和工作外，还可以获取其他信息。职业智力是一家门户网站，在这个网站，员工可以清楚知道公司空缺的职位、特定岗位所需的技能、薪资水平，以及该领域在未来几年是增长还是萎缩。设想一下，若是所有员工都有机会获得与公司未来发展方向保持一致所需的技能与工作指南，那会怎么样？

迄今为止，该公司在线培训课程观看量超过 300 万次，发放 20 多万份课程结业证书给员工。

美国电话电报公司的 CEO 也走到员工面前，告诉他们，若是他们不愿终身学习，那么他们应该离开公司。这意味着，虽然公司会为员工提供必要的工具、资源和支持，帮助员工终身学习，但有时员工可能不得不利用自己的时间和资源去学习一些东西。这就是我们生活的新世界，在这个世界里，作为个体，我们必须承担更多的责任，去学习那些能帮助我们在工作中和生活上获得成功的事物。

在生产润滑油和清洁剂的武迪实业有限公司（WD-40），所有员工都被要求立下"狂人誓言"：

我负责采取行动、提出问题、得到答案、作出决定。我不会等着别人来告诉我。如果我需要知道什么，我有责任问。我没有权利因为没有"早点知道这个"而生气。如果我正在做别人应该了解的事情，我有责任告诉他们。

这把学习的责任交给了在那儿工作的每个人。稍后你将在书中直接看到他们的 CEO 盖瑞·瑞基（Garry Ridge）的讲话。

在线培训教学平台乌德米（Udemy）的一项研究显示，美国 42% 的千禧一代表示，在决定去哪儿工作时，学习和发展是非常重要的福利，排列第二，仅次于医疗保险（乌德米，2018）。另外，罗伯特哈夫国际公司（RHI）的一项研究显示，在英国，只有不到一半的企业开展培训发展计划，帮助员工培养技能，支持员工的职业发展（罗伯特哈夫，2018）。

作为未来的领导者，你必须接受一点：一涉及学习新事物，你的工作永远做不完。19 世纪的作家埃德温·派克斯通·胡德（Edwin Paxton Hood）很多年以前就明白这一点了：

我们的整个人生就是一种教育——我们在"不断学习"，每时每刻每地，在任何情况下，我们都在往过去的成就中不断添加新东西。大脑只要一旦开始运作，它就一直会在工作。所有人皆是学习者，不管他们的职业是什么，不管他们是在官殿，在村舍，在公园，还是在田野。这些就是施加在人类身上的法则。

一个终身学习者的家庭

当我想到终身学习者时，我想到了我的家人。我来自一个移民家庭，我的父母（以及周边的家庭）都是 20 世纪 70 年代末从格鲁吉亚逃出来的民众，在那时尽管他们住得很近，但彼此并不认识。为了摆脱共产主义政权统治和身为犹太人而受到的迫害，他们逃离了自己的国家。当时，我母亲一家总共六口人全部蜗居在一套两居室的小公寓里。我的外祖父亚力克斯（Alex）是名音乐老师，除此以外，他还是格鲁吉亚室内管弦乐团的乐手兼格鲁吉亚歌剧院的首席大提琴手。当时仅靠一份工作的薪水是无法活下来的，所以外祖父打了三份工。我的外祖母根尼娅（Genya）是一名俄语兼历史老师。

我父亲同样，和他的父母、兄弟姐妹一共五口人蜗居在一间小公寓里。我的祖母是一个全优生，一个非常聪明的女人，但为了抚养孩子不得不放弃了一份很有发展潜力的职业。我从未见过她。我的祖父是一家服装店的销售员，我只见过他一次，当时他来洛杉矶看望他儿子，确保他的儿子（也就是我父亲）有能力为他自己和家庭提供幸福的生活。但是，他探亲回去后不久就去世了。

几年前，我去了一趟格鲁吉亚，在那里向我的妻子求了婚。看到以前他们住的地方还有生活方式，我十分震惊，也很伤心。我记得通向公寓的楼梯并不是很牢固，楼梯上全是瓦砾，毫无疑问，这就是第三世界里人们的生活条件——这与他们在洛杉矶不知疲倦地为自己创造的新中产阶级生活相去甚远。在洛杉矶，他们有一个游泳池以及很多其他设施，这与他们在第比利斯度过了大半生的破败街道相比，似乎是一个遥不可及的梦。

我母亲与她家人逃离格鲁吉亚时，每人身上只有 200 美元，而且在逃亡时不得不抛弃他们的护照以及所有其他的证件，比如出生证明、身份证和文凭等。他们走时偷偷拿走了刀柄上的一件传家宝——一颗小钻石。我父亲则是独自一人逃离了格鲁吉亚，而他的家人则被留在了那儿。他走时清楚地意识到，他可能再也不会见到他们了。果然，他再也没有见过他的母亲和兄弟，不过在他父亲去洛杉矶看他时见过一面。他的姐姐（妹妹）最后搬去了洛杉矶。

他们从格鲁吉亚逃离出来后，在维也纳待了几周，之后前往意大利，在那里待了 10 个月。实际上，意大利才是我父母相遇的地方。为了赚钱，我们家在跳蚤市场把摄影器材、亚麻制品、俄罗斯套娃给卖了。离开意大利后，我父亲前往新泽西州，而我母亲和她家人则是去了澳大利亚。到了澳大利亚，我母亲考取了一所当地的大学，而我的外祖父母则是拼命地去找工作。他们做了好多份工作，比如在巧克力工厂做清洁工，除此之外，外祖父还当的士司机、音乐家（他生命中大部分时间都在拉大提琴）。之后外祖母还在一家熟食店做服务生以及推销员。最后她只做澳大利亚政治家以及军事领袖的俄语、历史老师。

与此同时，我父亲迷上了"美国梦"，想要搬去美国，所以他只身一人先去美国定居，而我母亲一直在澳大利亚等待我父亲的来信，这样的状态持续了两年多（我当时还不存在）。虽然他的梦想是居住在洛杉矶，但是他最后去了新泽西州，在那里开始寻找培训工程师的工作。他最大的问题就是：语言不通，对美国文化或是美国社会也都一无所知。

在新泽西州，他住在一个低收入社区，但他有意选择了一个没有人说俄语的社区，这样他将被迫跳出自己的舒适圈，强迫自己去学习和生存。一连数月，他都拿着一本英俄词典对照着去看约翰尼·卡森（Johnny Carson）和默夫·格里芬（Merv Griffin）的节目，这样他可以理解单词并加以练习。为成为一名工程师，他也还会借助字典阅读一些技术类书籍。他每天花 8 个多小时盯着镜子练习口语，这样他就可以练习发音的嘴部动作。毕竟，仅仅知道单词是不够的，你还需要能准确地说出来，不带浓重的俄语口音。他还花时间了解电视上的名人，这样他可以更多地了解美国的文化和社会。他每天还会尽力练习书法，因为电脑在那时还不是主流。他努力工作使自己融入美国生活和文化，当时我母亲在墨尔本大学攻读哲学，也是如此努力，通过记忆和唱些流行的美国歌曲来学习英语从而使自己融入美国人的生活。她的妹妹——也就是我小姨伊莲娜（Irena）——她一年级的时候一个英语单词都不会说。那时她一直受欺负，直到她终于能够和说英语的孩子们交流后才停歇。

这一切都发生在互联网和我们现在可供支配的工具、资源出现之前。我父亲是一个老派的终身学习者。他曾给我讲了个他如何攒钱飞去洛杉矶参加面试的故事。他一到公司，公司秘书就告诉他，面试他的经理正在太浩湖度假。我父亲曾有几次被搪塞的经历。最后，他去了另一家公司面试，用他那蹩脚的英语尽他所能地回答问题。面试结束后，坐在他对面的面试官对他说："谢谢，我们稍后给你回复。"这时候，我父亲已经受够了被人摆布，受够了等待。他当时大致是这么说的："不，现在就告诉我结果。你已经面试过我，也与我谈过话，你知道是否要聘用我。"面试官停顿了一分钟，然后伸出手说："恭喜，你被聘用了。"原来那个面试官是该公司的总经理以及持有人，他非常欣赏我父亲的诚实、决心以及加入公司的渴望。当时，我父亲的姓是 Mamisashvili，但是在他们想要用扩音系统呼叫他时却没有一个人能念出来。因此，我父亲决定换一个以字母 M 开头的美国味的名字，随后我们的姓氏便变成了 Morgan。

直至今天，我父母亲还在不断地督促自己学习。他们秉持着这样的个人价值观——在生活中要不断进步、成长以及学习。在我想成为一位终身学习者时，他们都会激励我。我父亲还留着那本工作时用的字典，用来提醒自己要不断学习新事物，不断成长，偶尔，他也会用它来查不认识的英语单词。我母亲则是不断地阅读不同的书籍，参加研讨会，周游全世界，渴望获得不同的经历和新的知识。事实上，她职业生涯的大部分时间都是在做电脑程序员，当时她很痛苦，决定是时候改变了，于是在几年前回到学校，成为一名婚姻和家庭治疗师。他们从未停止对更多新事物的渴望，我也一样。

成长型思维

你上一次失败是什么时候？失败的范围很广，可以是一场考试、一次项目、某种竞赛，或者仅仅是个人私事的失败。你失败后，你是觉得自己还可以再进步，还是就此灰心，认为自己再也不可能进步了？

斯坦福大学教授卡罗尔·德韦克（Carol S. Dweck）数十年来一直在研究心态的力量。在她的畅销书《心态：成功的新心理学》（*Mindset: The New Psychology of Success*）中，她分享了对于心态的力量的发现。这本书值得一读。在研究学生如何处理失败的问题时，她注意到，有些学生能恢复平常，并且能做得更好，而有些学生却不能。这两类学生的不同之处在于他们的心态。卡罗尔说："我们拥有两种心态，即守成心态和长进心态（德韦克，2016）。"那些拥有守成心态的人认为像创造力、智力或个性这样的东西，原本什么样就是什么样，而且他们对此无能为力。这些人还会试图逃避挑战，在面对困难时会很轻易地放弃，而且通常认为努力是徒劳的。他们并不相信负面反馈能够起到建设性作用，而且一看到别人成功就倍感危机。（关于心态的作品，未注明时间）。

相反，拥有长进心态的那些人却认为，创造力、智力和个性是可以发展的，并且存在成长和改进的空间。这些人欣然接受挑战，克服它们所面临的阻碍，相信努力是通往成功的必经之路，把有建设性的负面反馈视作值得学习的东西，别人的成功对他们而言是一种激励，他们还会试图向他们学习。事实上，微软的首席执行官萨蒂亚·纳德拉（Satya Nadella）正是抱有这一心态构建了企业文化。

那些拥有守成心态的人不断地寻求他人的认可，而那些拥有长进心态的人则是不断地去学习和成长。阅读一下上面给出的描述，判断一下你拥有的是哪种心态？长进心态还是守成心态？事实证明两者兼有——我们所有人都是一样，两者心态兼有。心态类型会随着环境或者我们所面对的情境的不同而改变。卡罗尔举了一个人的例子，这个人可能平常表现出来的都是拥有长进心态的人，但一遇到比他们更为成功的人或是更擅长某件事的人时，他们的心态就转变为守成心态了。关键就是要确定是什么引发了你的心态转变以及在你身上究竟发生了什么。或许是你变得焦急或是紧张，你的肢体语言的转变，或许是你说话的音调发生了变化。以我自己为例，我发现我自己生气或沮丧的时候心态会转变。一旦你确定了引发心态转变的起因和你的回应，那么你就可以知道如何保持自己的心态不变，避免使自己的长进心态转变为守成心态，也可以知道如何将自己的守成心态转变为长进心态。

格雷巴（Graybar）是一家登上了《财富》美国 500 强的企业，专门从事供应链管理服务，拥有近 1 万名员工，由首席执行官凯西·马扎雷拉（Kathy Mazzarelli）领导，她来这家公司的时间比我的年岁还要长。她是《财富》500 强中的 24 位女性 CEO 之一。凯西最开始是从客户服务代表和销售代表做起，后来在销售部门、市场营销、客户服务、人力资源、企业客户、战略规划、运营以及产品管理部门工作过。她对这个行业了如指掌，并且她成为首席执行官的原因之一就是她是一位终身学习者。用她自己的话说："领导者必须拥有一种不断学习、创新、探索新想法的长进心态。他们必须要学会提出不同的问题，批判性地分析问题，而不是依赖过去经验和根深蒂固的想法去作决定。"

　　探险家就是这方面的大师。沙克尔顿并不把他遇到的障碍看作失败，而是看作他必须克服的事情、必须战胜的挑战。若他只有守成心态，那么毫无疑问，他和余下的船员在他们的探险途中就会死亡。你必须要相信，你一直都有成长、学习和进步的潜力。若是你相信并且表现出来，那么你周围的人也会相信并且付诸行动。

适应性和灵活性

　　在每一瓶洗发水背面，你都可以看到非常清晰的操作指南：涂洗发水，冲洗头发，再重复一遍。这是领导者总是被鼓励使用的方法。他们在学校和工商管理硕士课程中所学习到的知识也会在公司里得以应用，然后在任何一个团队或是任何一家他们加入的公司里循环使用。这是过去的领导模板。然而，正如世界各地的 CEO 所认为的那样，变革的速度是影响未来领导者和工作的最强大的一个趋势。这意味着，领导者不能再采用这种方法了。过去起作用的不会在未来还起作用。

　　来认识一下纽蒙特矿业公司（Newmont Mining）的 CEO 加里·戈德堡（Gary Goldberg），他领导着一个 1.3 万多名员工的团队。他是众多强调适应的重要性的 CEO 之一。他表示："未来的领导者必须具备很强的适应能力，以便知晓日益影响人们如何选择投入他们的时间的趋势。这趋势包含一切，从机器人到气候变化。"

　　欧内斯特·沙克尔顿为了挽救整个船队的生命不得不灵活敏捷。他的目标不得不从探索南极洲转变为挽救他船员的生命。大多数领导者在短时间内很难改变他们的行动方向。就沙克尔顿的情况而言，他每天都会遇上新的障碍，无论是失去了他的船，生活在浮冰上，想办法维持他的船员们的士气，还是想办法给他的鞋子增加摩擦力，以便他能在雪中徒步到达捕鲸站。领导者可以尽可能多地计划、学习和分析，但是如果你一直故步自封，不能适应周围的变化，那么你将不能获得成功。

约翰·佩蒂格鲁夫（John Pettigrew）是英国国家电网公司（National Grid）的首席执行官，该公司是一家国际电力与煤气公用公司，在全球拥有近 2.3 万名员工。约翰·佩蒂格鲁夫在我们的采访中对这一概念进行了完美的概括："变化和变革正越来越常见。因此，领导者需要能够迅速行事，并且定期调整战略，这也就意味着他们需要十分灵活。"

然而，简单地应对变化与实际地能够适应变化并在面对变化时能繁荣发展是有区别的。应对只是意味着你要让自己免于困境，但实际上你要做的不止于此，要想具备很强的适应性和灵活性，你必须要谦逊且知道自己的弱点，知道你不是这里最聪明的人，你需要寻求帮助，承认你不知道怎么做这件事，并且还要和更聪慧的人做朋友。

索迪斯（Sodexo）是一家设施管理及餐饮服务公司，梅思涵（Sylvia Metayer）是其全球工商企业事业部的首席执行官。总的来说，索迪斯集团在全球范围内拥有 46 万名员工，而梅思涵负责的员工就已超过了 17.4 万人。我们谈话时，她拿瑜伽（她经常做的事）和敏捷做了一个很好的类比。凡是做过瑜伽的人都知道，你不可能在第一天就做到所有的姿势。你需要时间和练习才能将你的身体摆成各种瑜伽要求的姿势。同样的理念也适用于领导者，你要愿意努力走出你的舒适区，调整你的技能和思维去适应新的工作环境。这是需要时间和练习的，但你会成功的。

领导者如何培养探索者思维

欧内斯特·亨利·沙克尔顿爵士曾经说："唯一真正的失败是根本不去探索。"

纵观历史，探险家们因种种原因冒着生命危险，到地球甚至地球以外的最远的角落去探险。探险原因有很多，比如传播宗教、搜刮商品、开辟新陆地，或为了名利。实际上，探索是人类本性的一部分，我们不断地探索，痴迷于提出问题和寻求答案。自我们一出生就开始探索，并且之后也会继续探索。试图制止人们探索的企业实际上违背了我们人类的核心品质。

你在某些地方已经拥有了探索者思维，但是有些人做得更好，让探索者思维自由发展，而有些人却试图隐藏抑制自己的探索者思维。你不仅有责任成为一个探索者，你还必须帮助创立一家汇聚探索者的公司。盛美家食品公司的首席执行官马克·斯马克每周与他的员工们分享一篇文章，讲述发生于公司之外的事情，给员工造成影响，借此促成他创立一家汇聚探索者的公司。马克表示，这使得公司与任何可能给公司造成影响的外部力量保持了一致。马克说这一举动简单但却至关重要。

作为领导者，你能做的最有影响力的事情之一就是提出问题，挑战现状。很有可能早在你进入公司以前，该公司已经有了特定的客户或员工政策、程序和做事方式，并且已经存在几十年了。但是，正如世界顶尖企业领袖所认为的那样，如果变革的速度是影响未来领导者和工作状态的最强大趋势之一，那么是时候重新审视工作完成的方式，以及我们领导的方式了。

如果你提出问题，挑战常规，那么你的团队成员也会跟着这样做。

下面这句话来自安格利安水务公司（Anglian Water）首席执行官彼得·辛普森（Peter Simpson），该公司是英国一家公共事业公司，拥有近5000 名员工。

作为领导者，你必须要善于创造创新文化。这意味着，你要对企业中各个部门和各个级别的员工持开放态度，并且鼓励他们向作为领导者的你提出问题，用新的想法和思维方式向你发出挑战。提出问题，挑战领导者，挑战现状，这在过去都是被视作难题，而在今天，这一点值得提倡。

具体来说，好奇心也需要时间和空间。如果你总是被任务、工程和会议压得喘不过气来，你就不能提出那些有助于推动变革的问题了。我们沉迷于不停地告诉别人我们有多忙，我们为自己每天收到这么多电子邮件以至于我们从不知道所谓的"收件箱清零"而感到自豪。若是有人这么忙，他们会被视作重要的人，但是相反，我们应把他们看作缺乏时间管理技能以及不允许别人作决定的控制狂。但是假使我们不纠结于我们有多忙，而是纠结我们怎样才能给自己更多时间去好奇，将会怎么样？

每天给自己一点时间，不用科技产品，没有会议，只是用来思考和提问。对此没有固定的时间分配，但是若你能一天花 1 个小时那自然最好，若是不能，那就花 30 分钟。作为一名领导者，你也要确保你的团队有同样的时间。其中隐含的是能够说"No"的重要性。史蒂夫·乔布斯（Steve Jobs）曾有一句名言："人们认为专注就意味着只对你该专注的事说'Yes'。但这根本不是它所意味的那样。专注意味着，对其他 100 个好主意说'No'。你必须仔细甄选。事实上，我为我做过的事感到自豪，也为我们没有做过的事感到自豪。创新就是对 1000 件事情说'No'。"对每件事说"Yes"很容易，但是我们大多数人说"Yes"都是以对我们自己说"No"为代价，这是一种很糟糕的为人处事的方式。

许多年来，我习惯对每件事、每个人都说"Yes"。想要听听我的建议吗？当然！你有几个问题想问是吗？当然，那说出来！想和我聊聊天吗？当然，我很乐意。想让我来参加你的活动，结交朋友、露一下面吗？听起来棒极了！

一直说"Yes"之后，我意识到，一天结束了，我不仅筋疲力尽，而且事实上我什么事也没做成。当我不再对任何人、任何事说"Yes"，开始对自己说"Yes"时，我的事业就开始发展了。

正如托德·卡什顿研究发现的那样，好奇心也会给人压力，当好奇心给人造成压力时，领导者可能会将好奇心误解为消极的事情。由于我们正经历着日新月异的变化，能够知晓你什么时候会压力倍增，并且有应对压力的机制是很有帮助的。应对压力的机制可以是冥想、锻炼、下棋或是听音乐，但是要确保你有可任你自由支配的工具帮助你应对压力。这也是许多企业投资各种健康和福利项目的原因。

把你的注意力转移到更长的时间周期。沙克尔顿和他的船员有一年多的时间没有踏足陆地，然而今天的企业领袖却只着眼于每一季度的利润。如果你总是驻足于码头，你不可能成为一名探险家。只着眼于短期，与探索者思维形成了鲜明对比，探索者思维的本质就是实验、试验想法，成长和适应。通常只着眼于短期，在短期内是不会产生任何效果的，相反，可能会产生消极的后果。领导者必须能够顶住他们面对的每一季度的极大压力，关注更长远的前景。

探索者也是终身学习者，但是要接受探索者思维，你必须告诉自己，你就是这种领导者，或你想成为这种领导者。这是一个慎重的决定。一旦你欣然接受了探索者思维，你就可以开始摆脱这种想法，即你在学校或企业中学到的东西将是你个人和职业成功所需要的一切，不再需要"涂洗发水、清水冲洗、重复"这样的说明了。如此思考对于领导者而言是致命的。相反，你必须接受，在这个日新月异的世界，你的学习和发展最终是由你自己负责，与你共事的员工也是如此（尽管你可以给他们提供获取工具和资源的渠道，以此支持他们）。事实上，国际象棋是一种无限的游戏，国际象棋中的走法比宇宙中原子的数量还要多。领导也是一个无限的游戏，这意味着你可能永远不会完美，但是你可以越来越好，前提是你是一位超级永久的学习者。

然而，好消息是，你可以利用可自由支配的工具和资源去学习新的相关的知识。你的企业可能也会提供一些资源，若是提供了，充分利用好那些资源。若是没有提供资源，看看 TED 演讲、YouTube、乌德米、Coursera 或是麻省理工学院、斯坦福大学、哈佛大学等教育机构或其他企业提供的免费项目（访问 www.edx.org）。我们有不同的学习方法，而最有效的方法之一就是通过人际关系学习。与你的客户、合作伙伴、供应商、员工，甚至你的竞争对手交流。孤立地学习是不可能的，如果你周围都是与你的思考、行动方式一样的人，你也学不到东西。

应用你所学到的各种东西，即使最终的结果是失败。你也可以从错误中吸取教训，然后继续前进。记住长进心态和守成心态的概念，注意促使你从一种心态向另一种心态转变的诱因。

达美乐比萨（Domino's Pizza）前首席执行官帕特里克·杜尔（Patrick Doyle）曾告诉我："成功的未来领袖将会是那些愿意承担风险、敢于尝试的人。未来的领导者必须要愿意犯错，但是犯错之后又有能力适应并继续前进。重要的不是错误和失败，而是你如何应对错误和失败。"

在你的职业生涯中，你可能会多次改变自己，甚至可能会改变职业。但是不管你做什么职业，最后在哪里落脚，我可以向你保证，探险家思维将会大有裨益。把自己想象成极具领导力的欧内斯特·沙克尔顿，然后开启自己的旅程吧！

The Chef

第 13 章
厨师思维

关于将法国美食带到美国大众餐桌，不能不说到一个人——茱莉娅·蔡尔德（Julia Child）。她不仅给美国带来了美食，而且还消除了法国菜的神秘感和难以接近、陌生甚至过于异国情调的印象。她希望每个人都能欣赏来自法国的美味佳肴和厨艺。朱莉娅于 1912 年出生在加利福尼亚州的帕萨迪纳市，离我从小长大的格拉纳达山（Granada Hills）不远。她就读于史密斯学院，1934 年毕业，获得了历史学学位。与此同时，她在史密斯学院担任了茶点委员会的主席，为大四毕业舞会和秋季舞会准备茶点，获得了第一次烹饪经验。

茱莉娅曾为纽约市一家家具店写过一段时间广告文案，但是不久后第二次世界大战开始，她想去献一份力。茱莉娅试图加入妇女陆军团（Women's Army Corps），但是却被告知六尺二寸（约 188cm）的她太高了，于是她加入了战略服务处（Office of Strategic Services）。她去了很多地方，比如斯里兰卡、中国昆明等。她第一次涉足烹饪是在有人要求她想出一种方法，防止鲨鱼引爆水下用于炸毁德国 U 型潜艇的炸药的时候。她尝试了不同的方法，最终想到用驱虫剂，将驱虫剂撒入水中，可以阻挡鲨鱼。在中国时，茱莉娅遇见了保罗，他们结了婚，然后搬去了保罗以前居住的巴黎。

茱莉娅在巴黎时爱上了烹饪。她去了著名的蓝带厨艺学院进修，之后与许多巴黎名厨一起工作。她真正名声大噪是在她与西蒙娜·贝克（Simone Beck）和路易塞蒂·贝尔托勒（Louisette Bertholle）合著了《掌握法式烹饪艺术》（*Mastering the Art of Frencb Cooking*）一书，全书 726 页。这本书走红后，她开始为流行杂志撰写各种文章，最终创办了自己的电视节目《法兰西厨师》，这一节目播了十多年。同时，这一节目为我们今天喜欢的许多厨艺节目以及厨艺竞赛铺平了道路。茱莉娅还在 1981 年创立了美国葡萄酒与食品协会（American Institute of Wine and Food），并在 1995 年创立了茱莉亚·蔡尔德美食和烹饪艺术基金会（Julia Child Foundation for Gastronomy and Culinary Arts）。茱莉娅不仅是一个美食爱好者，还是世界各地许多想要了解美食、成为好厨师的人的激励者。茱莉娅于 2004 年逝世，还差两天就是她的 92 岁生日。她生前最后一道菜是法式洋葱汤。

我一想到茱莉娅，就会想到一个平衡大师。她不仅要平衡配料，做出美味的佳肴，还要平衡味道与营养，以及平衡法国烹饪与美国大众期望和文化。她的平衡能力帮助她获得了成功。任何一位好厨师都会告诉你，要想做的菜味道好，要做的事之一就是平衡好调料。一道菜中一种佐料太多会破坏整个味道，而太少则会让这道菜尝起来淡而无味。创造出完美的菜肴，平衡口味和配料，既是一门艺术，也是一门科学。未来的领导者必须有厨师的心态。

我们需要更具人性化的信息技术

在我的采访中，我发现首席执行官们一直在提及工作中的人性与技术之间存在的平衡。换句话说，任何企业的领导者都必须是能够平衡好这两个最重要要素的厨师。我把这个叫作"HumanIT"（即"humanity"）。（参见图 13.1）

图 13.1　人类与科技

南希·布朗（Nancy Brown）是美国心脏协会（American Heart Association）的首席执行官，该组织是美国最大、历史也最悠久的志愿卫生组织，拥有3000 多名员工。他们的任务是"成为最为持久的力量，推动世界更长寿、更健康"。南希告诉我：

现在人们把更多的注意力放到技术上，关注技术是如何改变工作流程、工作产品，关注我们如何与客户和员工交流。然而，由于人与人之间的关联，我们不能忽视世界仍然在运转。我认为，无论是现在的领导者还是未来的领导者，都需要能够与人和技术一起共事，这将需要更多的团队合作。

工作中人性化的一面主要表现在关心与你共事或为你工作的员工。它可以是建立人际关系、工作中的交友、员工经历以及心理安全。在工作中，想法、关系、忠诚的客户、领导者、社会影响都与人有关。工作中人性化的一面也是我们为所在企业工作的根本原因。

工作中信息技术的那一面主要表现在技术方面，即在工作中我们通过使用工具、软件、硬件、应用程序、设备、人工智能以及自动化来完成工作。工作中的信息技术通常与效率、生产力、速度、成本以及决策挂钩。

基兰·马宗达·肖（Kiran Mazumdar-Shaw）是 Biocon 的董事长、常务董事以及创办者，Biocon 是一家生物科技公司，拥有约 1 万名员工。我十分喜欢她对技术的看法：

未来的领导者必须要足够机敏，在自动化与人性化之间找到平衡。他们必须决定好何种任务应自动化，这样人们就可以在高价值的活动上投入更多时间，还要决定哪些业务将继续有人参与以获取利益。

消除任何人为因素，单纯依靠技术只会创立这样的企业——员工不想在这里工作，客户也不想在这里进行交易。相反，纯粹依靠人而没有过多的现

代技术，将会创建一个行动迟缓、决策糟糕、效率和生产力不如预期的组织。这两种情形都不理想。领导者肩负着找到平衡的责任，这既是一门科学，也是一门艺术。领导者必须切记，技术只是一种工具，这种工具如何应用才是最重要的。把技术看作人类的合作伙伴，而不是人类的替代品，这一点十分重要。这纯粹是一种选择。如果你作为领导者，把技术看作替代人类并把他们从你企业中消除的某种东西，那么这正是你将创建的组织类型。可是，若你把技术视作人类的一个伙伴，那么结果将会如此——技术不会控制你——而是你控制技术。

作为领导者，你要平衡好以目标为导向与真正关心你周围的人和你有幸服务的人之间的关系，同时必须要接纳技术，像一个厨师一样思考：你的团队和企业就是一盘菜，你想要它色香味俱佳，就意味着你需要使食材配比恰到好处。

拥抱技术

"那些懂得如何使用技术及技术带来的数据、分析等事物的领导者，在未来将存在优势。在今天，这已经是事实了，并且在未来几年也是一个绝对的要求。要想成为未来的领导者，你必须接纳技术，而不是逃避它。"这是Qlik 首席执行官迈克·卡波恩（Mike Capone）告诉我的。Qlik 是一家商业智能和数据可视化公司，在全球范围内拥有 2000 多名员工。

这本书中我采访过的首席执行官们充分证明了，害怕技术或对技术持怀疑和犹豫态度会让你一事无成。上面我所引用的迈克的那段话也是其他几十位首席执行官对我说的话。然而，领导者往往很容易过度依赖技术，以削减成本、增加产量、提升效率，但是，这都是以降低企业的人性化作为代价的。最有趣的是，我们并没有听到过有领导者以牺牲技术为代价去使他们企业更加人性化。事实上，我们应利用技术使我们的企业更加人性化。

这是我要强调的重点，因为许多企业使用技术只是简单地为了拥有它。例如，你是否曾拨通 1-800 号码，与"聪明的客户服务人员"进行过互动？

每当我拨通这个号码时，我就开始不停地敲打按键，直到机器人感到困惑并说："我很抱歉，我不明白你的意思。我现在帮你转接给客服代表，他／她能帮助你。"为什么不一开始给我接人工服务呢？还有，现在每个公司似乎都在用的那些聊天机器人。有人觉得聊天机器人有用吗？没有！技术不应该再给人与人之间的关系额外增加隔阂，而应该是作用于清除人与人之间的阻碍，使人们的关系变得更加亲近的一种工具。

吉姆·洛里（Jim Loree）是史丹利百得公司（Stanley Black & Decker）的首席执行官，该公司是一家自 1843 年以来一直生产工业工具和家用五金的公司，拥有约 6 万名员工。吉姆坚信应该让组织变得更人性化："领导者的工作是让一切都人性化。人类最终是需要与人类接触才能获得灵感。与机器人和人工智能互动是不能获得灵感的。"

作为领导者，你必须理解人和技术的能力和局限。未来不是技术与人类的对抗，而是人类与技术协作解决问题。然而，只有当你明白人类和技术各自能做什么和不能做什么时，这才能奏效。我们已经开始看到了更多技术与我们工作和生活中许多方面的融合，无论是制造车间的机器人，还是我们的家庭和办公室的智能助手，或是使日常工作自动化的机器人。这在未来 10 年将会得到巨大的发展，但它会引起恐惧、紧张甚至怨恨，这是可以理解的。领导者需要在使组织人性化和使用技术之间保持平衡，帮助组织更加人性化，同时提高组织的效率和生产力。

Ace 五金零售连锁公司（Ace Hardware Corporation）是全球最大的五金零售商联合体，在全球范围内拥有 10 万名员工，在客户体验方面一直名列前茅。其首席执行官约翰·文赫伊曾（John Venhuizen）告诉我："人与人以一种情感联系的方式进行互动时，会唤起他们内心的忠诚。"

世界上的大多数企业，无论是与客户打交道还是与员工打交道，从根本上来说，仍然是基本的人际互动和参与，不同之处在于，现在有了技术，我们能够更多地专注于工作中人性化的一面，与此同时用技术去处理我们工作中更日常的方面。

最近一篇题为《协作智能：人类和人工智能正在联手》的文章指出，经他们对 1500 家企业研究发现，其中绩效提升最显著的是那些人和技术协同工作的企业（威尔逊，2018）。想象今天你会如何建立一个团队，理想情况下，你会把优势互补的人聚在一起。在使用技术时也是如此。例如，人类会在创造力、人际关系以及领导力等方面表现出色，但技术则是在数据分析、速度、决策等领域占据着主导地位。正如作者指出的，人和技术都是必要的。

联合利华（Unilever）是一家日用消费品公司，在全球范围内拥有超过16 万名员工，最近该公司借助了人工智能帮助招聘。该公司每年都会招聘超过 3 万名员工，处理近 200 万份求职申请。这在过去都是人工处理，你可以想象，这需要大量的时间和资源。现在，凡是有人应聘联合利华的工作，他们会被要求在手机或是电脑上玩一系列游戏，这些游戏实际上收集了许多关于玩家的数据，比如他们的逻辑、风险预测、理性推理等。然后，所有这些数据将用于判断他们是否能够很好胜任他们所应聘的职位。联合利华人力资源主管莱娜·奈尔（Leena Nair）表示，这为员工节省了 7 万多个小时。面试第二阶段是一个 30 分钟的视频面试，但是在这一阶段比较多地使用技术不仅是借助其自然语言处理来理解应聘者在说什么，也可以观察其肢体语言。并且，所有这些数据还用于确定谁可能是最合适的人选。但是最终还是由人来决定该应聘者是否适合某一工作岗位。

一旦员工进入公司，他们就可以使用 Unabot，这是一款像数字同事一样的聊天机器人。你可以向 Unabot 咨询空缺的停车位、班车的时间表，借助 Unabot 还可以获取福利的相关信息，甚至了解下一次薪酬评估的时间。有些人认为这过度依赖技术了，当然，这是一个很合理的批判。这里存在一个微妙的平衡，但是使用机器人的最终目标是让技术给人提供帮助，让企业更加人性化。如果技术不能达成这一目标，就应该重新审视下技术的使用方式。

当然，在其他一些领域，技术显然也在造福人类。联合利华还推出了一个名为 FLEX Experiences 的人工智能平台，通过这一平台，员工可以在企业中实时找到相关的开放职业机会。这些推荐的机会都是基于员工的个人资料，比如他们的优势、技能、经验以及他们的职业愿景和目标。这在过去企业中都是人工操作，但处理得不太好。现在，由于技术的发展，联合利华将职业成长和发展的权利直接交到员工手中。

大卫·米克（David Meek）是制药公司 IPSEN 的首席执行官，该公司拥有 6000 多名员工。他很好地把这一点融合在了工作中：

> 人们总是说："噢，技术！技术！"可是我从没有和技术一起吃过午餐，也没有和技术建立感情，你呢？但是，我和人吃过午餐，也和人建立过关系。你可以拥有巨额资产和优秀技术，但若没有优秀的人才，那么你也无法充分利用那些东西。在今天，人和情商是至关重要的，在未来会更甚。任何时候，要去看一款软件我都会让一个高情商的人去。把这两个因素结合起来，争取取得突破性的结果！

请务必要拥抱技术，但切记不要把技术置于与你共事和为你工作的员工的心脏、头脑以及灵魂之上！

目标驱动和人文关怀

尽管 CEO 们明确地将目标驱动作为未来领导者的核心特征，但在我的许多访谈中，我意识到他们不仅从员工所做的工作与结果之间的联系的角度谈论目标，还谈论了员工收获的意义。就像我早前所提及的，我们大多数人喜欢把"purpose"和"meaning"两个单词放在一起，因此我想，在这里澄清一下是很重要的。

保罗·波尔曼（Paul Polman）在访谈中与我分享了这一点："我一直坚信，领导者最为重要的一个特质就是受更深层次的使命感所驱动。你必须与你周围的人和世界建立联系，投身于比你自身利益更重要的事业，最重要的是，让自己为他人服务。"联合利华前首席执行官保罗（2019 年离任）在他职业生涯的大部分时间里，一直在公司积极倡导工作的目标和意义。事实上，他是企业界倡导这一观点的先驱之一。

20 世纪 70 年代，著名经济学家及诺贝尔经济学奖得主米尔顿·弗里德曼（Milton Friedman）说："企业有且仅有一个社会责任，那就是在不违反游戏规则的情况下，利用其资源，从事旨在增加利润的活动。"他为《纽约时报》写过一篇十分著名的文章，题为《企业的社会责任即增加利润》（弗里德曼，1970）。几十年来，这一直是全世界领导者的首要信条。所幸的是，并非所有人都同意米尔顿·弗里德曼的看法。1979 年，桂格燕麦公司（Quaker Oats）总裁肯尼斯·梅森（Kenneth Mason）驳斥了这一说法，并表示："创造利润不再是企业的目标，就好像让人吃饱也不再是人生的目标。吃饱是生活需求，人生的目标在某种程度上范围更广、更具挑战性。企业和利润也是如此。"

目标和意义是影响未来领导者的主要趋势，与此同时，目标驱动和人文关怀也是未来领导者必须拥有的一个心态。但是以目标为驱动力和人文关怀与创建一个成功的企业并不矛盾，这两者实际上是互补的。

医学博士詹姆斯·唐宁（James Downing）是圣犹达儿童研究医院（St. Jude Children's Research Hospital）的首席执行官，该医院拥有约 5000 名员工。圣犹达儿童研究医院专注于研究和治疗全球范围内的儿童癌症以及其他威胁儿童生命的疾病。最近我有幸与他们的领导团队进行了谈话，并参观了他们医院的设施，看了他们所开展的惊人工作。唐宁博士告诉我："你不是为了事业发展，不是为了获得荣誉成为一个伟大的领导者。你的工作就是照顾好员工，赋予他们属性，并确保你为员工提供的环境能让他们做出最大的贡献。"

以目标为导向且关怀员工的领导者相信，企业盈利应是对社会贡献的一种方式，然而现在很多领导者都在寻找社会可以帮助企业获得更多利润的方式。这是思想上的改变。哈姆迪·乌鲁卡亚（Hamdi Ulukaya）是乔巴尼（Chobani）的首席执行官和创建者。乔巴尼是美国销量最好的希腊酸奶品牌，还是世界最大的酸奶设备运营商。他最近在 TED 演讲中说："现在的商业书籍说：企业的存在是为了股东的利润最大化。我认为这是我有生以来听过的最愚蠢的想法了。事实上，企业首先应该关心他们的员工。"（乌鲁卡亚，2019）他最近宣布，他会把公司的股份赠送给在那工作的 2000 多名员工。有些人认为这是一个公关噱头，但是哈姆迪明确表示，这只是给那些帮助他创建公司的人的礼物，他想通过关怀他们来表达感谢。毫无疑问，哈姆迪本可以利用赠送的这么多股份给自己和公司赚更多钱，但他没有。他把关怀员工放在了考虑利润增长之前。这就是成为以目标为导向、关心体贴的领导者的意义所在。这是人们为乔巴尼公司工作的原因，也是公司如此成功的原因。哈姆迪并不是一位为赚更多钱的以目标为导向、关心体贴的领导者，但因为他以目标为导向，关怀员工，所以企业才会发展——这两者之间有很大的区别。

曼迪·金斯伯格（Mandy Ginsburg）是 Match Group 的首席执行官，该企业雇用了超过 1400 位员工，拥有几个十分受欢迎的交友网站，如 Tinder、Match.com、OkCupid 等。在我们的交谈中，曼迪表示：

> 我的人生观就是，若你想成为一位伟大的领导者，你必须友爱、尊敬与你共事的人。你必须想要看到人们真正成功，才能领导他们。我认为企业中的人需要知道有人在关注他们以及他们的事业，这样才能建立他们对企业的忠诚度。对我而言，就是要找到优秀的人才，和他们建立真正的工作关系，这样我就知道如何让他们保持动力和激励，而他们也会继续为我带来显著的成果。

"热爱和尊敬"——你多久没听到一个领导对他的同事说这句话？你有多少次这样说过或想过你的同事？

领导者如何培养厨师思维

这种心态最为基础的是明白领导者的工作不只是为企业赚更多钱。你需要把眼光放远，不要局限于企业，去看看你现在所做的工作是如何影响社会、地方社区和世界的。这些观点源自我对保罗·波尔曼的采访所得：

可以说现在这个世界比以往任何时候都要更混乱、更无法预测。严重的不平等使数十亿人的基本需求无法得到满足，比如工作、教育、医疗、卫生需求等。思想上的分歧正在削弱民族凝聚力，这促使了大规模的迁移和难民危机的产生。以技术突飞猛进为特征的第四次工业革命，正在从根本上改变工业和工作世界。令人担忧的是，我们正面临着威胁人类未来的环境危机。这种不稳定和变化的结合产生了巨大的不安全感和幻灭感，并导致世界上的信任——尤其是对政治领导人和政府的信任——非常低，这是可以理解的。这些对于未来领导者而言是巨大的挑战，未来的领导者必须找到一种方法，重新与公民建立联系，恢复人们对改革后更具包容性、更公平、更可持续的经济和社会制度的信心。

这意味着你需要真正的关心。但这是最难的一点，你如何让人们关心你？我希望我知道这个问题的答案，希望我能让世界上所有的领导人开始更多地关心工作中人性的一面。

简单地告诉人们去关心并不意味着他们会去关心。我通过对以目标为导向、关心体贴的领导者的观察发现，他们都有一些共同点（见图 13.2）。第一，他们大多数时间不是在办公室里度过的。他们一直在外面与客户、团体以及员工交流。当我谈及员工时，我不仅仅指其他高级管理者，我是指所有人，包括基层员工。第二，这些领导者在同理心和自我意识方面做了大量的练习（这两点我们将在本书后面进行探讨）。第三，这些领导者有他们为之奋斗的理由，有他们深切关心的事情，比如气候变化、难民、多元化和平等、贫困儿童等。领导者必须为企业之外的东西奋斗。第四，这些领导者视员工为人，这是我在这本书中多次提到的一个主题。员工不只是电子表格里的数字，不是齿轮，不是工作描述——他们是人，是像你一样的人。最后，领导者意识到了以目标为导向、关怀员工是他们唯一能做的选择。

维克多·弗兰克尔（Viktor E. Frankl）是《活出生命的意义》（*Man's Search for Meaning*）一书的作者。他在书中写道，"在刺激和反应之间有一个空间。

在那个空间，我们有选择反应的权利。我们的成长和幸福全在我们的反应里"（弗兰克尔，1984）。领导者对其选择负责，你可以作出正确的选择。

图 13.2　目标驱动型和关怀型领导者的特质

厨师是如何平衡做菜的原料的？他们通常做两件事。第一件事是频繁品尝。如果你看过厨师烹饪，你会注意到不管是什么菜他们一直在品尝，判断菜的口味是否会太淡、太辣、太甜，或是判断是否需要再加点什么。厨师也重视别人的评价。顾客给出了什么反馈？他们吃完了点的菜了吗？人们经常谈论它吗？它卖得好吗？所有这些都很重要。

作为领导者，你必须知晓人总是第一位的，没有例外。技术总是第二位，也没有例外。

厨师使用的技巧同样也适用于领导者。首先，频繁品尝。这意味着你要一直关注你的企业正在发生什么，寻找使人与技术协同工作的方式（而非用技术取代人）。如果你看到员工在苦苦挣扎，每天做着不需要脑力的例行工作，那么或许你可以在那些地方加入更多的技术成分。专业服务公司就是一个典型的例子。德勤会计师事务所（Deloitte）利用技术帮助处理纳税申报表、提供风险评估等事务。当一个公司出售一个业务部门时，德勤通常需要让数十名员工花 6 个多月的时间来审查法律文件，以寻找控制权的变更，而今天只需要 6 ～ 8 个人的团队花不到 30 天的时间来做这件事。在企业并购时，德勤也会利用技术浏览数百万行的应付账款和应收账款数据，这在过去通常需要花费 4 个多月的时间，而今天只需要不到一周的时间。同样，埃森哲公司（Accenture）在没有流失一名员工的情况下，在会计和金融领域实现了 1.7 万多个工作岗位的自动化。这些员工所做的工作都与数字运算息息相关，科技显然可以比人做得更好、更快、更准确。这 1.7 万名员工的技能都得到提高，因此他们能够专注于自己工作中的战略方面，比如帮助客户理解数字的含义，以及为采取哪些行动提供建议和指导。

如果你发现某一领域过于关注技术，而缺少了一些人为因素，那么你可以添加点人为因素。特斯拉（Tesla）的首席执行官伊隆·马斯克（Elon Musk）最近表示，他在自己的制造设备中过于依赖技术和自动化，导致公司的生产部门就像"疯狂而复杂的传送带网络体系"。质控也大幅下降，客户开始收到零部件损坏的汽车。因此，该公司取消了他们的整个制造方法，并重新创造了以人为主、技术辅助的制造方法。

作为领导者，如果你与团队的其他成员一起在厨房，你只能去尝菜。你不能坐在办公室，高高在上，然后对菜的卖相和味道品头论足。你需要系上围裙，手拿勺子，站在那里。

第二件事是你要关注周围人给你的反馈，可以是客户、员工、合作伙伴等。例如，伊隆经此事后清晰地认识到，他的客户对买到的汽车不满意，所以他作出了改变。事实上，伊隆基于他的客户和员工给出的反馈频繁作出改变。最近他推出了"狗狗模式"（Dog Mode）功能，这来自一个客户给出的建议，即让无人看管的宠物在车内感到舒适，与此同时在汽车仪表盘上留下一条信息，表示该汽车主人很快就回来，还会显示汽车温度，这样路过汽车的人就不会担心车内的宠物。

不过，简单地倾听或收集数据只能让你获得反馈。作为领导者，如何处理收到的反馈和获得反馈一样重要。如果你什么都不做，信息又有什么用呢？如果你想要练习厨师的心态，那么要确保你周围的人能够督促你。

充分接纳技术，接受它能在你企业中发挥的潜力，不要害怕。与此同时，专注于你团队的优势，观察技术是如何补充以及进一步加强那些优势的。试着去理解技术如何给员工或顾客提供帮助，让他们感到更有价值。在为员工和客户创造更好的体验方面，技术有着巨大的潜力。

现在，开始烹饪吧！

The Servant

第 14 章
服务思维

　　"服务（servant）"这一词可追溯到 13 世纪诺曼时代英国使用的法语词汇"servir"，意思是"服务"或"有用"。我觉得很有意思的是，纵观历史，服务者一直被认为是没有较高的技术和能力的下层阶级的人。这些人为比他们更富有、人脉更广、更聪明的人工作。讽刺的是，服务一词出来几个世纪以后，服务思维成为领导者必须拥有的最有价值的思维之一。这是我们一直听到服务型领导这一概念的原因。

　　身为一名领导者，并不意味着你可以坐在金字塔的顶端，告诉其他人该做什么，而是意味着你站在金字塔的底部，给予他人帮助。这与商业领域过去的模样形成了鲜明的对比。安利（Amway）公司拥有约 2 万名员工，该公司总裁道格·狄维斯（Doug DeVos）相当直接而又尖锐地指出："领导就是为你周围的人服务，帮助他们做到最好，从而为企业或团队取得成果。"

　　领导者的服务导向体现在四个关键方面：为领导者服务、为你的团队服务、为客户服务、为自己服务，大多数情况下。我们听到的服务导向或是服务型领导是指关于领导者如何为员工服务的问题；虽然这很重要，但它仅仅是更大图景中的一小部分。然而为领导自己服务并没有人过多讨论，这一点总是被人忽视。服务导向是双向的，在企业中，理想情况下，任何人不管等级高低、头衔或职责大小都应为别人服务。当这四个方面组合在一起后，不论是领导者还是整个企业，其真正以服务为导向的思维就形成了。这种思维与人息息相关。

为领导者服务

在这里，为领导者服务指的是为你为之工作的人服务。企业中员工为领导者工作或是与领导者一起共事，即使他们本身是领导者也是如此。为领导服务意味着，确保你和他们之间建立了良好的关系，支持他们，甚至有可能的话，让他们的生活更容易。例如，如果你的领导即将参加一个会议，这时你有一些他们需要知道的有用信息，那就告诉他们。如果你的领导被项目压得喘不过气来，这时你有额外的资源，那就主动提供帮助。为领导服务的最好方式之一就是寻找解决问题的方法。若你注意到企业内部出现了问题，不要只是指出来，还要想出解决问题的办法。

《华盛顿邮报》（*Washington Post*）最近发表了一项研究发现，有些人把他们的顶头上司更多地看作一个合作伙伴，而非典型的老板，这样的人不管是在他们的日常生活中还是工作中都明显要更快乐（英格拉哈姆，2018）。与领导保持良好的关系不仅对你的事业很重要，对你的幸福也很重要。瑞典斯德哥尔摩大学压力研究所的研究员对 3100 名男性进行了为期 10 年的跟踪调查。据报告显示，那些不尊敬领导的男性患心脏病或是其他威胁生命的心脏疾病的可能性高达 60%（尼伯格，2008）。

领导和你一样也是人，他们也会像其他人一样精疲力竭、焦虑不安、心烦意乱、沮丧、开心。

为团队服务

无论何时，勒布朗·詹姆斯（LeBron James）、罗杰·费德勒（Roger Federer）、小威廉姆斯（Serena Williams）等运动员接受采访时，他们都会说："没有我的团队，我走不到这里。"他们赢的时候通常会把成功归功于他们的团队，输的时候也会保护他们的团队，使团队免受批评与承担后果。

正如我已经在书中提到的那样，首先要接受一个简单的信念：作为一名领导者，你的工作就是每天努力工作，帮助其他人比你更成功。若你有这样的信念，那么你采取的行动也会反映出这一信念。然而，反之亦然：如果你认为作为一个领导者，每个人都应该为你服务，那么你的行动就会反映出这一点。

SMG 是一家客户反馈管理公司，该公司最近对 4 万多名餐饮业和零售业的员工进行一项调查，询问他们对领导团队最看重的是什么。

领导者的核心职责之一就是培养其他领导者。在 DDI 智睿和 EY 永安最近发布的《全球领导力展望》中，"培养下一代领导者"是全球 1000 位首席执行官公认的第一大挑战。卢西安诺•斯内尔（Luciano Snel）是伊卡图保险股份有限公司（Icatu Seguros S/A）的总裁，该公司是巴西最大的保险公司之一，为 600 万人提供服务。卢西安诺告诉我，领导者的目标就是培养其他领导者。为你的团队服务可以体现在很多方面，比如指导员工，和他们一起完成一个项目，认可和奖励他们的辛勤工作，或是其他更微妙的方式。

盖瑞•瑞基（Garry Ridge）是 WD-40 公司的首席执行官，该公司总部设在阳光明媚的圣地亚哥，在全球范围内拥有大约 500 名员工。盖瑞有一个相当独特的领导方式，既容易实施又十分有效。每天凌晨 4 点，不管盖瑞在哪儿，他都会给整个公司发送一封邮件。邮件以"今天是来自……"开头，这可以是来自圣地亚哥、悉尼、吉隆坡或其他他去的地方。在这些日常电子邮件中，盖瑞每天会根据他在组织、社区中所看到或感受到的东西，或他想发送的东西，发送一条鼓舞人心的格言。通过发送这样的电子邮件，他能够感受到与他的"部落成员"紧密相连，同样，反过来他的公司成员能知道他在哪儿，还能知道他们总是可以联系上他。他告诉我，"这使我每天都会出现在他们的生活，这样就打开了交流的通道。"员工们也会经常和盖瑞聊他发给他们的格言或是聊与之完全无关的事情，但他们会用格言作为谈话的开场白。换言之，这会使员工感觉舒适，因为他们可以和盖瑞聊任何事情。

这里有几句盖瑞发的格言：

"我今天的 to-do list：细数我的祝福，放弃我无法控制的东西，保持善良，倾听自己的心，高效而又冷静，简单呼吸就好。"

"持续的恐惧、愤怒、怨恨最终会吞噬掉我们的免疫系统，而冷静的头脑、同情心能增加身体的积极元素。"

"对人友善一点也不重要。"

盖瑞并不是典型的领导者。在和他说话时，他给我留下了这样的印象——他会为团队做任何事，这是一个十分稀有的特质。

作为领导者，为团队服务不只是简单地解决与工作有关的问题。魏楠兹（Alexander Wynaendts）是荷兰全球人寿保险集团（Aegon）的首席执行官，该企业是一家金融服务企业，在全球范围内拥有 3 万名员工。我在荷兰海牙的一个活动上见到了魏楠兹，他给我讲了一个感人的故事。有一天，他走到办公室附近，发现有一个员工在哭泣。魏楠兹得知她的丈夫刚刚被确诊了癌症晚期，只有 5% 的存活概率。魏楠兹给了她一个拥抱，并告诉她，他认识一个这方面的专家，她丈夫可以去看看，大多数人都没有机会见这个专家，但魏楠兹可以。几次治疗以后，她的丈夫痊愈了。我喜欢这个故事，因为它真的显现了为团队服务不是止步于公司。作为领导者，在工作和生活中，你都要始终以员工和个人的身份为团队服务。

或许领导者为团队服务最有效且最容易的方式就是认可他们所做的工作。这是我们都需要和值得拥有的东西。大卫·诺瓦克（David Novak）是百胜餐饮集团（Yum! Brands）的前首席执行官，在他还是首席执行官时，公司在全球范围内包括特许经营人拥有约 150 万名团队成员。我永远不会忘记大卫和我分享的那个故事，我们谈到了对他职业生涯造成最大影响的那一时刻。很多年以前，大卫还在负责百事可乐的运营。那时他还是个新人，想要尽他所能地去学习。他在圣路易斯和大约 12 名推销员进行了一次圆桌会议。大卫问："谁最擅长推销？"问完后，大家都开始极力夸奖那个名为鲍勃的男性，说"鲍勃就是这里最棒的""他教给了我很多，比我前三年在这学到的还要多""你应该看看鲍勃是怎么应对客户的"等。大卫看向了鲍勃，就看到鲍勃正在哭泣。这让大卫十分惊讶，忙问鲍勃怎么了。鲍勃解释道："我在这个公司已经 47 年了，两周后我就要退休了。我从不知道别人是这么看待我的。"当下就像有一吨重的砖块击中了大卫。自从那以后，他作出了一个认真的决定，他将在他的权力范围内尽一切努力来确保给予员工认可。他不想再有任何像"鲍勃"一样为他工作的人了。

大卫进行了认可改革运动，在这一路上他获得了很多乐趣。在他还是肯德基的首席执行官时，他会给员工橡胶鸡。他给每只橡胶鸡编号，写下他们为了得到它做了什么，以及它是如何推动结果的。然后他还会和员工以及他们的橡胶鸡拍一张合照，用相框把照片装起来，然后送给他们，并告诉员工："有了它，你可以做任何想做的事，但是我将把你的照片放在我的办公室，因为你是唯一一个成功的人。正是因为你所做的工作才使得我们企业这么好。"大卫还会额外给他们 100 美元奖励，他曾告诉过我这是因为"橡胶鸡是不能吃的"。

后来他成为必胜客的首席执行官时，他依旧以同样的方法作为激励，不过这次用的是绿湾包装工队象征的乳酪帽子。再之后，他成为百胜餐饮集团的首席执行官后，露出牙齿微笑，和员工合影留念，在照片上面写字，给它们编号，以这样的方式激励员工。这种做法在整个公司和各个品牌都迅速得以推广。塔克钟（Taco Bell）的首席执行官用酱料包作为激励，其他领导者则用拳击手套等物激励有杰出表现的员工。每个人都开始想给员工认可奖励，最棒的是这一做法在世界各地都得到了推广——中国、印度、美国、英国，你能想到的地方都效仿了这一做法。大卫从未强制执行这一项目，但每个人都开始这么做了，到了这样一个程度，若你是公司的领导，你的认可奖励便成为你公司的名片或标志类似的存在。

实在是令人惊讶，橡胶鸡、奶酪帽子、露出牙齿微笑这样简单的东西都能在人身上起到这么令人惊奇的作用，而且这全是起始于鲍勃一事。你认为现在有多少"鲍勃"在为你工作或者在你的公司工作？你能做什么来给予员工认可？

在我前一本书《员工体验优势》（*The Employee Experience Advantage*），我提出了"重要时刻"的理念，每个人生命中的重要时刻都属于这一范畴。领导者必须知晓这些时刻，并且还要知道没有比员工第一天上班就被浪费更重要的时刻了。设想一下，你现在刚找到工作，在上班前一天晚上，因明天第一天上班而感到兴奋，准备好了上班的行头，设了一个比平常早几分钟的闹钟。然后到了那一天，闹钟铃一响，立马跳下床，穿上自己最好的行头，喝完咖啡，吃完早餐，出门，这时你的配偶或是其他重要的人对你说："第一天上班，祝你好运，这一天一定会十分精彩。"你到公司之后发现找不到停车位，所以你不得不到很远的地方停车，然后再百米冲刺冲到办公室。你到办公室时，已经迟到了几分钟，而且汗流浃背。门口有人迎接你，通过安全检查后，引导你到自己的工位。到自己的办公桌后，发现一台折叠式笔记本电脑，上面贴着一张便利贴，写着"欢迎"。打开电脑，却发现无法登陆进任何应用程序，因为还没有安装任何应用程序。在 IT 部门待了几个小时后，又到吃中饭的时间了。吃午饭时，独自一人静静坐着吃沙拉，下午参加几个会议，然后这一天就结束了，是时候徒步去停车点取车。回家后你的配偶问你："第一天感觉怎么样啊？"你回答说："我不确定我是否做了个正确的选择。没有人认识我，甚至不知道我来了！"这就是世界上许多员工第一天上班的模样。这不是一件很难解决的事，但会产生巨大的影响。

凯莉·伯克霍夫（Carrie Birkhofe）是 Bay Federal Credit Union 的首席执行官，该公司拥有 220 名员工。她告诉我，从第一天开始就坚信要为团队服务。

员工到 Bay Federal Credit Union 上班的第一个小时，我会与他们见面。新员工会受到团队级别的欢迎，新员工会聚在一起时，我会在那里问候他们，向他们表示欢迎，还会询问他们是否有问题。所有的新员工，不管职位高低，都会被领导看到、尊重和倾听。他们知道我为他们服务，而不是他们为我服务。

想想从一开始，你能做什么，让团队就知道你在为他们服务？

为客户服务

为你的客户服务并为他们创造奇妙体验是服务导向的一部分，这不足为奇。我们生活在一个商品化世界，客户有很多选择，可以选择与你公司相似的产品和服务，花费与你公司相同的金钱，做与你公司相同的事情。此情此景之下，正是企业站了出来，为客户服务，为他们创造更好的客户体验。现如今，人们买的不只是产品，还有体验，并且这一趋势还在增强。事实上，由于客户体验不佳，89% 的客户转向与竞争对手做生意。

管理咨询公司 Walker 发布的一项研究显示，预计到 2020 年，客户体验将超越价格与产品成为品牌的重点优势（Walker，2013）。

说来也巧，我娶了世界顶尖的客户体验专家布雷克·摩根（Blake Morgan）。她的新书《未来的客户》（*The Customer of the Future*）概述了领导者在为客户服务时必须遵循的 10 条指导原则，如下所示。

认识到客户体验心态的力量

态度就是一切。能够提升客户体验的领导者，在整个公司的关注点和心态上都是完全一致的。布雷克原本打算写一本关于科技的小说，但到西雅图的亚马逊总部转了一圈之后，她意识到正是这一心态造成了巨大差异。所有我们遇见的领导，即使他们并不全是客户体验领导者，但都认为要以客户为导向。

建立以客户为中心的企业文化

客户是感受到员工企业文化的终端。企业首先需要专注于企业文化，其次再去思考外部的客户体验。企业文化是努力发展客户体验的企业所经常忽视的那一环节。

培养以客户为导向的领导力

好领导不是天生的，而是经过后天培养而成的。首席执行官们来了又走，这一切都是取决于公司为领导者所创建的持续发展和培训计划（这就是这本书的内容）。

设计零摩擦的客户体验

在一些生活领域，客户获得了零摩擦无缝的客户体验，比如亚马逊、网飞、苹果、Spotify。但是，在其他领域客户需要付出太多的努力。零摩擦的客户体验是待实现的目标。

创建以客户体验为导向的市场营销

公司管理层中，首席营销官通常是负责推动客户体验的人。市场营销部门是公司里掌握顾客脉搏的群体。由于客户消费的渠道进一步地扩大，现在市场营销比以往任何时候都更有影响力。这为市场营销提供了服务的机会。

利用提升客户体验的技术，使客户和员工的生活更好更简便

技术不是一切，但它逐渐塑造了我们最喜爱的客户体验。一种好的技术战略能够极大地提升员工和客户的体验。员工体验和客户体验同样重要。

接受数字化转变

领导者必须利用技术应对企业传统的挑战以及新的挑战。数字化改革需要长期的投入，但布雷克的研究显示，接受了数字化转型的大公司有着更好的长期股价绩效（摩根，2019）。

未来专注于个性化的客户体验

在未来，那些利用数据使个人体验个性化的公司才会赢得客户的青睐。那些公司会预先考虑未来的需求，提供量身定做的客户体验。

接受客户体验分析

今天的公司可以获得大量宝贵数据，用以创造更好的客户体验，增加销售量。分析是现代客户体验的未来。

制定职业道德规范，保护客户体验中的数据隐私

从数据上看，我们正处于拐点。92% 的客户对他们的数据是自动收集这一点很不满意，因为他们认为数据不安全（劳拉，2018）。随着人工智能和机器学习的蓬勃发展，企业需要弄清楚自己在数据隐私和道德方面的立场，

越早越好。

嘉年华邮轮集团（Carnival Cruise Line）拥有近 4 万名员工，获得了业界享有声望的荣誉——《邮轮评论家》杂志编辑精选奖"最物有所值"和"最佳服务"奖。为客户服务深深植根于他们的 DNA 中，嘉年华邮轮集团的首席执行官阿诺德·唐纳德（Arnold Donald）告诉我："我们的核心目标是超出客户对你的期待。如果我们达成了这一目标，我们就是在经商了；若是我们没有达成这一目标，我们做什么都没有意义了，因为我们是一家酒店企业。"

为自己服务

你上一次自我关注是什么时候？比如，你会休息一段时间、去度假或是做早晨冥想、晨练等一些简单的事情吗？

通常担任领导需要付出更多的时间、更多的努力和更多的资源。由于人们不断地要求他们付出更多，最终使他们精力耗尽。根据梅奥诊所的说法，"职业倦怠是一种与工作相关的特殊类型的压力，是一种身体或情绪上的疲惫状态，还包括成就感减少和个人认同感的丧失"（梅奥诊所，n.d.）。筋疲力尽并不是一种正式的医学诊断，但我们都有过这种经历，也看到过它对同事的影响。

但是，对于领导者而言，没有给他们留出时间关注自己，对他们、对整个企业都是极为不利的。几年前，哈佛医学院开展了一项研究，发现 96% 的高层领导人感到有些疲惫，而 1/3 的高层领导人认为这种情况是属于比较极端的。不幸的是，许多领导者认为，由于自己处于这一岗位，就必须一直用 110% 的努力去完成工作，不能去寻求帮助，不能拒绝，还不能承认自己有任何弱点（Kwoh，2013）。他们要做的仅仅是撑过去。幸运的是，我们不是机器人，我们是人，而且无论你相信与否，即使在工作中，我们也可以人性化办事。我们不只是企业中的领导者或员工，我们还是儿子、女儿、父亲、母亲、祖父母、朋友。这些身份在我们成为领导者或员工以前就存在了，但是有时我们会忘记这些身份。

领导者由于缺乏自我关怀，可能会作出错误的决定，对员工或顾客大声斥责，出现抑郁、肥胖、失眠等生理和心理症状。当然，这些现象并不是只有领导者会出现。我认为，我们所有人都需要自我关怀。

美国国际商用机器公司（IBM）认为，领导者的康乐对其工作的效率有一定的影响。事实上，公司认为他们的领导者就像是高性能运动员。顶尖运动员皆是对自我关怀才获得他们现在的成功，无一例外。当然，这些运动员十分努力，但也需要拥有工具和资源供他们使用，以保证在比赛中时刻处于最佳状态。美国国际商用机器公司的员工发现，晨练、瑜伽等这类事情对于领导者而言是保持最佳状态最为有效的工具，并且他们已经把这类工具归纳进了他们的管理领导力培训的内容里。

难怪世界上有这么多企业都在为员工的健康和福利项目投资。当然这些项目也是由员工他们自己去决定究竟是否要好好利用它们。

航空公司播放的安全须知中都会有这样一条："在帮助别人前，请自己先带好氧气面罩。"这同样也适用于领导力。在今天甚至未来，对于领导者而言，要能够为他们自己服务这一点变得越来越重要。大致来说，关心自己的健康，如此你便可以成为他人的有效领导者。作为领导者，若一直处于精疲力竭、心力交瘁、劳累过度的状态，你将无法践行这本书中提出的技能与思维模式，并且最终也不会成为一位有效领导者。

维珍集团（Virgin Group）创办人理查德·布兰森（Richard Branson）将自己的成功归功于自己积极主动、关注自身这一特质。积极主动意味着他要在精神和身体上都全力以赴。实际上，他每天都会进行锻炼，以此来开启新的一天。布兰森曾说："我非常怀疑，若我没有把健康始终放在首位，我是否还能在事业上取得成功，在个人生活中感到幸福"（布兰森，2017）。

关注自己可以有很多方式。就我而言，我会把国际象棋、锻炼等爱好当作关注自身的一种方式，专注于工作以外的活动。我和我的妻子也注重营养健康的饮食，并定期锻炼。我每天只在下午 4 点检查一次电子邮箱和社交媒体账号，而且我已经关闭了手机里的所有通知。我的卧室里没有电视，我每晚至少要睡 7 个小时，但我和我的妻子会为我们的约会之夜腾出时间。由于我们俩经常出差，所以我们还定期去按摩。

几个有过交流的执行官告诉我，他们在休息时间会携带老式的翻盖手机，而不是智能手机。只有家人和几个高级主管知道这个手机的号码。这些执行官在休息的时候通过这种方式便可不需担心，并且知道如果有紧急情况，他们的翻盖手机也会响铃。

无论你需要做什么来关注自身，去做就好！

对于领导者而言，拥抱服务心态、践行服务心态不只是为了创立一个更好的企业，更是为了创建一个更好的社会、创造一个更好的世界。为你的上级服务，为团队服务，为客户服务，不要忘记还要为你自己服务。鲍勃·查普曼（Bob Chapman）是巴里·韦米勒（Barry-Wehmiller）企业的首席执行官，该企业是我们目前见过的比较早应用情感计算而非理智计算的企业。鲍勃·查普曼完美地阐释了这一点：

我们设想这样一个社会——人们先人后己，并且感受到关怀。当人们感受到关怀时，他们就会去关怀他人。不管是在医疗行业、教育行业、军队、企业还是政府，我们的领导力模型都会为人们培育这样一个环境。人们感到受到重视，并且当他们感到自己受到重视时，他们就会回家好好对待自己的配偶，好好对待自己的孩子，而这些孩子会看到父母感到自己受到重视，也善待彼此。通过更具关怀的工作环境创造更好的就业机会，我们就能创造一个更美好的世界。

谦逊和脆弱

若你不谦逊、没有弱点，你是无法为人服务的。倘若你认为自己是一个伟大的领导者，永不会犯错误，总是能作出正确的决定，永不会被质疑、被挑战，那么对你而言，服务心态将是一个十分难以理解且难以践行的观点。简单来说，你不要自以为是。

一篇题为《谦逊的 CEO 重要吗？——对 CEO 的谦逊与公司业绩的考察》（*Do Humble CEOs Matter? An Examination of CEO Humility and Firm Outcomes*）

的研究论文中详述了三个主题，这三个主题对定义谦逊、理解谦逊至关重要。首先是获得准确的自我认识的意愿，这一点我在本书的"情商"那一部分也谈到了。其次是保持开放的心态，愿意不断地学习和提升自己，这一点在本书中也进行了探讨。最后是欣赏他人的优势，感激他人作出的贡献，这一点至关重要（欧等，2015）。简言之，谦逊意味着，你很谦虚，不会对自己有过高的评价，不认为自己高人一等。我曾问万事达卡的首席执行官阿杰伊·巴拉，在他的职业生涯中，哪一刻对他的领导方式产生了最大的影响。以下是他的回答：

> 我父亲是印度独立后其军事学院的第一批毕业生。他在印度军队服役超过 35 年，最后以上将军衔退役。他在某些方面十分严格——时间安排、信守诺言、关心他人。我们住在海得拉巴的一个带有大庭院的大房子里，每天出去的路上，他常常会兴致勃勃地与门口的警卫交谈，同样的兴致勃勃，我在他与别国来访的将军、上级，或是他的同事交谈时也看见过。我认为，这是我从他身上学习到的最重要的一课。是的，准时十分重要，关心事物也十分重要。但与每一层次的人建立好关系尤为重要，因为你可以从这里获得建议、信息和知识，以及成为一个更好的人的能力。

几十年来，我们一直传授和践行的一个观念就是，领导者位于企业金字塔的最顶端，是最为重要的人。不久以前，领导者们十分沉迷于数天花板上有多少块顶板，以此来看看他们的办公室有多大，还十分关心他们的桌子是用什么制成的，因为所用木材质量越好，他就越重要。这是"名人领袖"的时代，但现在已经结束了。吉姆·柯林斯（Jim Collins）在他的《从优秀到卓越》（*Good to Great*）一书中谈论了他对近 1500 家公司所做的长达 30 年的研究。他想找出真正卓越的公司与其他公司的区别之处。结果表明，卓越企业的领导者皆拥有谦逊这一品质。在上面提及的 CEO 研究中，作者发现，谦逊的高层管理者"建立一体化的高层管理团队，促进高层管理团队内部的薪酬公平，建立灵活而又盈利的公司"。

在你认为你是公司里最聪明或最好的人时，你就会认为其他人以及他们的想法都不如你。无论是现在还是未来，这都是行不通的。

凌瑞德（Jan Rinnert）是贺利氏集团（Heraeus Holding GmbH）管理委员会的主席。贺利氏集团是德国的一家家族企业，专注于发展贵金属和特种金属、医疗、石英玻璃、传感器以及特种光源领域的技术。该集团在全球范围内拥有超过 1.3 万名员工。在我们的谈话中，他告诉我：

我们未来所需的不是这种占据统治地位的领导者。我们需要的是一位谦逊的人，他能够激发人的潜力。我笃信，人应当谦虚，保持谦逊、平易近人。事实上，我花了很长的时间与企业中的各级员工待在一起，我发现这很有帮助。它教会了我很多，尤其是在我与年轻的员工交流时。我给当前的领导者和未来的领导者的建议就是，尽可能花更多的时间走出象牙塔，和各级员工待在一起，不要只是和其他高级管理者待在一起。这会使你成为一位更好的领导者。

"Vulnerable" 的实际定义是 "有可能受伤或容易受到伤害"，或 "容易受到道德攻击、批评、诱惑等"。听起来有点吓人，是吧？谁想受到伤害？没有人想，尤其是在企业，所以这种脆弱的想法从没有被灌输过或是鼓励过。事实上，受到重视的却恰恰与之相反。脆弱并不会使你容易受到伤害，而是会让你坦诚地表达你的感受。设想一分钟，假如你是已经做好战斗准备的骑士，穿上厚重且几乎密不透风的盔甲，拿上剑和盾，走上战场，准备杀死所有阻挡你的敌人。这听起来像是《权力的游戏》（Game of Thrones）中某一集的场面，但这正是大多数人的工作方式，尤其是领导。若你工作时没有盔甲、剑、盾以及摧毁看到的每一个人的心态，那将会是什么模样？

不久以前，我去到一家大型制造公司，与他们的管理团队会面。我作完报告后，该公司的一位高级管理者走到我面前，和我分享了一个关于脆弱性的故事。这位领导者初来这个公司时，他是一位典型的斯多葛派领导者（坚忍型领导）。他在工作中面无表情，表现得好像知道所有问题的答案，从不向同事透漏任何私人信息。上任不久，认识他好几年的一个导师问他："你在做什么？"这位领导困惑道："导师您是什么意思？"导师回答道："我知道你是什么样的人。我知道你热爱篮球，有两个优秀的孩子和一个很棒的妻子，也知道你非常爱护动物。我知道你害怕什么，不喜欢做什么事，你的优势是什么，还知道什么会让你感到压力。"这位领导还是很困惑："那又怎样？"导师继续回答说："为什么我知道你的这些事，而别人都不知道呢？"事实证明，这位领导得到了这样的名声——人们不想待在他的身边或与他共事，因为他不够人性化。

最终，这位领导明白了。在过去，他有两种个性，一种专门用于工作，一种则用于工作以外的地方。在工作时，他是一位老套的管理者，人们都不愿意和他待在一起。在家里时，他是一位富有爱心的丈夫和父亲、一位狂热体育迷、一位动物爱好者，总体而言，他是一个有趣的小伙子，人们都喜欢待在他身边。他决定，只做自己。这变化是巨大的。各级员工都接近他，和他分享想法，给予他反馈，团队成员变得更加投入、工作也更高效，他自我感觉更好了。上班并不要像《权力的游戏》电视剧里的样子，而是要放下武器，做个普通人。在工作中，我们把所有的重点都放在了技术上，却忘记了做人是我们能做的最重要的事情之一！

你仍然可以领导一个组织，尊重他人，听取他人的想法与观点，询求反馈与建议，坦然承认某件事你做不来。你仍然可以笑，可以哭，可以尽情表达你的情绪。这并不会让你变得软弱，只会让你成为一个强大的以人为本的领导者。

领导者如何培养服务心态

对许多领导者而言，这种心态仍然难以接受。在最近与丽思·卡尔顿酒店创办人兼前首席执行官霍斯特·舒尔茨（Horst Schulze）的交谈中，他告诉我，他去过他的一家酒店视察。在一次团队会议中，他鼓励所有员工大胆发言、提问、挑战现有的工作方式。会议结束后，一家酒店的经理走到霍斯特的身边，非常不高兴地说，他是经理，员工就应该做他要求他们做的事，而不是提问和发言。那位经理对霍斯特的说法十分失望，于是辞职了。

记住，真正地接纳这种服务心态意味着你要为你的上级（若你有的话）服务，为你的团队服务，为你的客户服务，为你自己服务。你没有其他选择。比如，你不能只是服务你自己，然后说你在践行服务心态。

你还必须考虑，若你在工作和生活中有不同的个性，你如何能把这两种结合在一起，从而形成一个极具人性化的你。这不是一件简单的事，但是这是未来的领导者所需要的。我采访过的几位首席执行官说，作为领导者，不要把自己搞得太严肃古板，要享受更多的乐趣，这很重要。在这一点上我完全同意。我们当中许多人都会忘记如何在工作中获得乐趣。人生苦短，如果你不能在某种程度上享受生活，那为什么还要费尽心力去做这份工作或成为公司的一员呢？

你可以从服务心态的四个方面着手，先做一些小事，然后慢慢增加，越做越多。用电话和客户谈话，帮助客户解决问题，带团队出去吃午餐，让他们知道你很感谢他们的辛勤工作；在忙碌的一天中给领导带一杯咖啡；利用周末的时光，与家人、朋友们待在一起，做些自己喜欢的事。成为服务型领导全在于行动，因此拥抱服务这一心态，你必须要去行动或是服务。

经常问问自己这些问题，你会发现它们会改变你的行为：

今天我做了什么来帮助我的领导？

我做了什么让我的客户的生活更好、更简便？

我做了什么使我的员工比我还要成功？

我做了什么来确保自己照顾好自己，让自己成为最好的领导者？

我今天工作愉快吗？

倘若你无法回答，那么很可能你专注于让别人来服务你，而不是你试图去服务别人。总而言之，开始做一个服务者最为简单的方式就是去为人服务。

第 15 章
世界公民思维

伊勒姆·卡德里（Ilham Kadri）是索尔维集团（Solvay）的首席执行官，该公司是一家高新材料和特种化学品企业，在全球范围内拥有约 2.45 万名员工。伊勒姆从小住在摩洛哥，由她目不识丁的祖母养大，她祖母也是她的第一个行为榜样。孩提时期，别人就告诉她，在摩洛哥女孩只有两条出路，第一条出路就是从父母家到丈夫家（嫁人），第二条出路则是去往坟墓（死亡）。伊勒姆的祖母鼓励她去寻找第三条出路，她选择了受教育这条路，主攻数学和物理。她于 1991 年获得了硕士学位，1997 年获得了博士学位。

伊勒姆在日本和拉丁美洲谈判过多份大笔合同，管理过中东和非洲的项目，监督过肯尼亚、加纳、尼日利亚项目的拓展，领导过比利时的营销项目，帮助公司在北卡罗来纳州新设了一个分部，在加拿大和法国学习过，类似的事例简直不胜枚举。迄今为止，她在世界上超过 15 个地方生活过。

她在日本工作时明白了耐心的重要性，在沙特阿拉伯工作时知道了口头承诺和书面承诺一样重要，在非洲工作时了解到先慢后快的重要性，在中国工作时知晓了一切皆有可能，在美国工作时知道了什么是企业家精神，在欧洲工作时明白了平衡健康生活的重要性。

在我们的采访中，伊勒姆和我们分享了一个关于她在领导陶氏化学（Dow）的水务产业在欧洲、中东、非洲发展时是如何赢得"水务女王"名声的伟大故事。她促使沙特阿拉伯与美国达成了一笔交易，在该地区建立第一家反渗透纯水处理设备工厂。她凭借自己对这两种文化的了解以及经验，为这两个国家构筑起了桥梁，弥合了他们发展速度之间的鸿沟，消除了他们之间的文化分歧。结果是，对于每个人而言，这都是一次成功的交易。

伊勒姆是你把她放到世界的任何一个地方，她都能领导别人的那种人。她学会了对别人的观点持开放态度，学会了结交不同于她的人，学会了尊重并理解人与人之间不同的文化以及不同的行事方式，这对她的成长以及成功都至关重要。伊勒姆曾告诉我：

作为一名世界公民，并不意味着要生活在不同的国家，或一直在旅行，而是要有全球思维。你必须要接纳别人以及他们的想法，尊重文化、宗教、民族、种族、思想、信仰的多样性，这对于未来的领导者而言是十分重要的。领导者必须是具备好奇心的连接器，了解那些不同于他们的人的看法，利用那些看法，适应不同的处事方式。倾听并包容这种多样性，欣赏人类的丰富性，这让我更全面公正、更现实、更高效。人与人之间仍然存在买卖关系，并且人是与人一起工作的，所以成为一名世界公民意味着你要理解人，理解所有人。

世界公民思维的优点

拥有世界公民思维的领导者具有全球思维，能够领导一个多元化、散居各地的员工团队，向全球传播想法与信息，并且不管最优秀的人才在哪儿都能找到并吸引他们。在当今这个联系紧密、瞬息万变的世界，几乎不可能从局部、地区甚至国家的角度去思考问题，相反，你必须具有全球思维（放眼全球）。

企业想开拓市场不再需要在新的地方开设分支机构，相反，小而灵活的团队可以在他们的家里或办公场所工作，以使公司能宣称其在世界的某一地方有业务联系（有一席之地）。领导者不仅需要考虑如何进军新市场，而且还必须懂得如何传播思想和讯息，以及如何找到最优秀的人才，不管他们所处何地。

"倘若你没有全球思维，你不可能成为全球性企业的领导者"，这是格伦·福格尔（Glenn Fogel）告诉我的。格伦·福格尔是普利斯林集团（Bookings Holdings）的首席执行官，该企业包括 OpenTable、Bookings.com、Priceline.com 等 6 个品牌，在全球范围内拥有 2.5 万名员工。

正如我之前讨论的，全球思维意味着要考虑文化，同时也要考虑距离。当然，全球思维对首席执行官及其他高级管理者至关重要，而且，若各级领导者想继续在他们的职业生涯中成长并取得优异成绩，这对他们来说也至关重要。拿国际象棋作类比，具备全球思维意味着要能够着眼于整个棋盘，而不是只着眼于你即将落子的那一个区域，还意味着要能够与不同风格且有不同下法的对手比赛。

公司的规模大小并不重要。我现在和 10 个人的团队一起工作，而且大多数人我还从未见过。他们生活在美国、塞尔维亚、马其顿、菲律宾等不同国家的不同城市。通过科技，我们能够一起工作，实现公司的目标。不管你是新上任的领导还是现任领导，你必须和那些与你想法不同、长相不同、行为不同、信仰不同的人一起工作、交流、合作，并领导他们。这对许多领导者来说听起来有点可怕，但你不是其中之一，对吗？对你而言，这应算是一个机遇。

欧莱雅（L'Oréal）的员工来自世界各地。该集团在做了一些内部研究后，发现具有多元文化背景的领导者在 5 个特定领域表现十分突出：识别新产品开发机会、防止翻译损失、整合外部的观点与想法、周旋于领导班子、协助分公司与总部之间的沟通。在 20 世纪 90 年代发现这一点后，欧莱雅集团开始专门招聘具有多元文化背景的人来担任领导者。他们把欧莱雅集团从法国企业转变为真正的全球企业，在全世界销售其产品，都归功于这一点。事实上，欧莱雅集团的全球销量有一半来自北美洲和西欧以外新开拓的市场。今天，欧莱雅集团在 150 个国家都设有分公司，拥有 34 个国际品牌，有近 10 万名员工。通过拥有一支世界公民团队，欧莱雅集团可以更有效地了解他们的员工、客户以及他们服务的市场的需求（德勤会计师事务所，2015）。

欧莱雅集团董事长兼首席执行官让－保罗·安巩（Jean-Paul Agon）表示，"不同部门及不同层级的多样化员工队伍加强了我们的创造力，增加了我们对客户的了解，这使我们能够开发和销售相关的产品"（欧莱雅集团，未注明时间）。

而且，没有世界公民思维也会付出高昂代价。数年前，迪士尼的领导决定在巴黎建设一个主题公园，名叫欧洲迪士尼。迪士尼的领导认为，在欧洲建设主题公园会像美国主题公园一样获得巨大成功。但是，不幸的是，事实并非如此。首先，巴黎通用的货币是欧元，而美国主题公园的名称从字面意思来看是"美元迪士尼"。巴黎同时也是一个烹饪胜地，因此去主题公园的游客觉得在餐馆用餐使用塑料餐具是一种侮辱。欧洲迪士尼乐园也禁止饮酒，可是在当地午餐时喝酒是一种常见的行为。在欧洲主题公园开放后两个月内，10% 的员工就辞职了，因为领导认为美国主题公园的团队合作方法也适用于巴黎的主题公园，但其实不是。工人的几次罢工也给公司及其领导带来了麻烦。欧洲迪士尼几乎破产，但其在两年内借了 1.75 亿美元，从而让主题公园存活下去。欧洲迪士尼所犯的错误远不只这里所提到的。这个公园后来被重新命名为巴黎迪士尼乐园，经济有所恢复。2018 年，巴黎迪士尼乐园宣布将投入 20 亿美元用于扩建及改善（全球思维，未注明时间）。

数十年以前，像前通用电气首席执行官杰克·韦尔奇（Jack Welch）这样的全球领导人就不需要具备世界公民思维。相反，这些领导者能够以更有限的视角和方法创建成功的企业。杰克·韦尔奇甚至说："未来的'杰克·韦尔奇'（领导者）可不能像我一样。我的整个职业生涯都在美国度过。通用电气的下一任领导者将会是在孟买、中国香港、布宜诺斯艾利斯度过的领导者"（德卡鲁费尔，2018）。

2018 年，登上第 16 期福布斯全球企业 2000 强榜单的公司分别来自 60 个国家，这也是自 2015 年以来中国和美国公开上市的企业第一次平分榜单前十。中国共有 291 家企业上榜，而美国上榜企业更多，有 560 家。韩国、日本、英国也在上榜企业数量方面打入前五名（福布斯，2019）。我们都生活和工作在一个新的全球互联和充满活力的世界，这意味着我们需要能够真正拥抱世界公民思维的领导者。每个领导者都必须是世界公民。

杰夫·格林是广告科技公司 The Trade Desk 的首席执行官，该公司在全球范围内拥有约 1000 名员工。杰夫·格林对全球思维进行了很好的总结：

> 你必须能够应对差异并感谢差异，从而让我们能够尊重世界各地的文化以及不同的观点。在你们把世界各地的人们聚在一起共享同一个愿景时，未来的领导者将必须比今天更加频繁地去应对存在的差异。孤立主义的时代即将结束，因为我们正在一次又一次地证明，它是行不通的。倘若你不尊重我们的经济是全球经济这一事实，甚至不接受这一事实，那么几乎是不可能获得成功的。未来将没有美国企业这一类公司，有的只是总部设在美国的全球企业。倘若你没有整合世界各地资源的文化敏感性，那么任何大规模的成功几乎都是不太可能的。

领导者如何培养世界公民思维

仅仅是一家全球公司的员工并不会让你成为世界公民，在附近新开的民族餐馆吃饭也不会让你成为世界公民。成为世界公民真正需要的是不同的思考和行为方式。扪心自问，若你被猛地一下拉出自己当前的环境或者位置，然后被放入另一个地方，而且这地方还是你极不熟悉的，你会怎么做？你是会迷失其中，困惑不堪，最终苦苦挣扎，还是会适应其中，最终走向成功呢？

本书中提到的一些技能与思维能够在本质上帮助你成为世界公民。比如，具备探索者的思维和练习情商这两者都是极为有力的驱动力。然而，也还有其他的事情你能够做。如果你的情况允许，你能做得最好的事情之一就是学会从不同的角度去领导，而做到这一点的最好方法就是身体力行。这意味着要到世界不同的地方去旅行，住在不同的地方，或者看看不同的地方，也许更重要的是，让自己融入这些地方。毕竟，只把自己锁在酒店的房间里并不会有多大好处。这也意味着，如果可以的话，领导不同部门的团队。若你一直在科技公司当领导者，那你能领导一个医疗团队吗？若你领导过一个制造团队，那你能领导扫货团吗？用一句陈词滥调来说，我鼓励你"混搭"。这极需要勇气，因为你可能在你的领域已经十分成功了，远离自己熟悉的领域可能会有点可怕，但这是伟大的领导者会去做的。拥抱让你不舒适的，就能成长。

2009 年，欧洲工商管理学院（INSEAD）教授威廉·麦克多斯（William W. Maddux）与美国西北大学心理学家亚当·加林斯基（Adam D. Galinsky）发布了一项十分有趣的研究"文化边界和思维壁垒：移居海外与创造力的关系"。正如这题目所显现的，他们想查明移居海外是否会对人的创造力造成影响。他们进行了 5 次试验后发现："在美国和欧洲，经过一系列对创造力进行的调查（包括估量洞察力、关联性以及连锁反应），以工商管理硕士和本科生为样本，移居国外和创造力之间存在一定的关系，这证明了这一现象的稳健性"（麦克多斯，2009）。

我不想让这一研究听起来似乎是，若想成为领导者，你需要成天在外奔波，每年旅行几十万英里。不，其实并不需要这样。光辉国际公司（Korn Ferry）曾对 271 位高级管理者作过一项研究，研究发现：除了外派任务，只有两种跨文化经历能够帮助这些领导者培养战略性思维、跨国企业运营经验以及与不同文化背景的人打交道的经验。事实上，这一项研究发现，生活在别的国家并不是培养跨国企业运营经验的必要条件，反而偶尔去一些陌生的地方旅行、经常与世界各地的人一起工作才是。或许这项研究最有趣的发现是，领导者通过接触更多与他们文化背景不同的人，能够培养卓越的思维能力。该项研究以一位接触中国文化而非英国文化的美国领导者为例（光辉国际，2014）。其强调的是质量而非数量。

当你去世界不同地方旅行以及居住在世界的不同地方时，你会在个人生活和职业上获得新的见解、想法、经验、文化、视角和行事方式。我曾有幸因为工作或是个人消遣到 50 多个国家旅行，在这些旅程中经历了很多，也学到了很多。不管是在乌干达与的士司机聊美国的流行文化，在圣保罗的一次演讲中处理办公室之间的勾心斗角，在柏林街头被人骗走 100 美元，在成都试图用非英文菜单点菜，还是试着记住在意大利或秘鲁应该给多少个脸颊吻，这些所有的经历，不管是好的坏的，是个人生活中还是职业上的，都给我提供了一个新的视角去看世界。如果你的企业能提供这些机会，请好好利用，尤其是当你作为一个年轻的领导者时。

而且，你还要积极寻找不同于你的人。我在这里强调"积极"一词，是因为我不仅仅是在说可以成为多元化团队的一员，而是在强烈要求成为多元化团队的一员。若你身边都是穿着西装的年长男性白人（尤其你自己还是一位身着西装的年长白人），那么你可能无法培养世界公民思维，这是不可能发生的。积极地去成为由具有不同认知的不同个体组成的团队中的一员，并创建这样的团队。这些个体有着不同的背景和文化，他们拥有不同的技能和观点、宗教以及性取向，而且他们并不只会一味地同意你的观点。同样的道理也适用于你更广阔的人际网络，甚至可以延伸到你工作之外的朋友。你周围是否足够多元化？真正做到这一点十分需要勇气，但我和你自己都知道你有这个勇气。

第 16 章
四大思维的践行

探索者思维、厨师思维、服务思维、世界公民——在全球超过 140 位首席执行官们看来，这是未来领导者若想赢在下一个 10 年甚至更久就必须具备的最根本的 4 种思维。顺便提一下，成功对未来领导者而言并不仅仅指的是赚更多的钱，还意味着能够产生积极的影响，让世界变得更加美好。成功意味着，未来领导者要成为指引别人的灯塔。

这 4 种思维你有多少是勤练并且还练得很好的？如果你能熟练掌握这 4 种思维，并且能够教会别人融会贯通，那么你已经进入自我检验的阶段了，并且真正地成为一名卓越的领导者。但是，在今天的企业，我们集体践行这 4 种思维的效果如何呢？

为回答这一问题，我们对领英中自称是全职雇员的 1.4 万名会员作了一项调查。让我们先从效果非常好那一栏开始看（见图 16.1）。请记住，我们统计的是全部人的回答，也就是说每一栏的数据都是把参与调查的所有人的回答都计算在内。

大多数员工认为他们在践行这些思维上做得很好，其中 69% 的员工得分属于后两类：比较好和非常好。但当被问及他们的经理以及高级管理者践行的效果如何时，57% 的经理和 58% 的高级管理者得分是属于表格前两类：一点也不好，以及一般。可能最可怕的数字是：仅 6% 的经理和 9% 的高级管理者在践行这 4 种思维上取得了"非常好"的效果。

	你认为自己在践行四大思维方面做得如何？	你认为你的经理在践行四大思维方面做得如何？	你认为你的高级管理者在践行四大思维方面做得如何？
一点也不好	3%	19%	20%
一般	27%	38%	38%
比较好	51%	31%	29%
非常好	18%	6%	9%

图 16.1　四大思维践行情况

　　我想比较分析企业中不同级别员工，即普通员工、经理和高级管理者对以上问题的回答。（见图 16.2；注意：那些"不确定"或"不适用"的回答不计入在内。）这里主要是想看看级别之间是否存在差距，若存在，那么其间的差距又有多大。有趣的事情开始了。普通员工认为 60% 的经理和 61% 的高级管理者在践行四大思维时表现"一点也不好"和"一般"。与此同时，经理认为 59% 的高级管理者在践行四大思维时表现同属于以上两类。经理把 59% 的高级管理者的践行思维效果归为同样的两类："一点也不好"和"一般"。这些数据高得令人震惊。

	践行四大思维方面做得如何？（普通员工的回答）	你认为自己在践行四大思维方面做得如何？（经理的回答）	普通员工和经理的回答差距	你认为你的高级管理者在践行四大思维方面做得如何？（普通员工的回答）	你认为自己在践行四大思维方面做得如何？（高级管理者的回答）	普通员工和高级管理者之间的回答差距	你认为你的高级管理者在践行四大思维方面做得如何？（经理的回答）	经理和高级管理者的回答差距
一点也不好	22%	2%	20%	23%	2%	21%	19%	17%
一般	38%	28%	10%	38%	24%	14%	40%	16%
比较好	31%	52%	21%	29%	51%	22%	31%	20%
非常好	8%	17%	9%	9%	22%	13%	8%	14%

图 16.2　不同级别员工践行四大思维的情况比较

仅 8% 的普通员工认为经理在践行这些思维方面做得"非常好",而认为高
级管理者在践行这些思维方面做得"非常好"的比例为 9%,仅比前者高一
点。经理也认为,仅有 8% 的高级管理者在践行这些思维时做得"非常好"。
在图表的每一栏中,你可以看到这些差距有多大。

收集到的关于这些思维的数据揭示了一些问题。

留心差距

在践行这些思维时出现了一个一致的意见:领导者(经理和高级管理者)
一致认为他们在实践中做得比实际好得多。这不仅在从整体看确实如此,在
分开看领导者实践的效果也是一样。69% 的经理认为他们自己做得"比较好"
或者"非常好"时,普通员工却认为他们之间做得"比较好"或者"非常好"
只有 39%。同样,73% 的高级管理者认为他们自己做得"比较好"或者"非
常好"时,普通员工却认为只有 38% 的高级管理者做得"比较好"或者"非
常好"。这之间的差距可以从所有思维的运用、资历级别以及回答类别中看
到。正如我们在趋势中看到的,经理和高级管理者的观点往往都与为他们工
作的或与他们一起共事的人的观点不相符合。

尽管领导者运用思维的得分不高,但是对于经理和高级管理者而言,他
们最为苦恼的思维是服务思维。经理运用得最好的思维是探索者思维和世界
公民思维,在这两种思维的运用上皆有 40% 达到了"比较好"和"非常好"。
迄今为止,高级管理者运用得最好的思维是世界公民思维,个人贡献者认为
41% 的高级管理者这种思维运用得"比较好"和"非常好",经理认为 44%
的高级管理者这种思维运用得"比较好"和"非常好"。

然而,对于未来的领导者而言,拥抱这 4 种思维只是取得成功所需的条
件之一,对于你身边知道你正欣然接受且正在实践这 4 种思维,并颇有成效
的人也至关重要。研究显示,目前人们对于这些思维是什么以及实践它们意
味着什么之间缺乏协调、沟通、协作甚至认识。领导者必须明白存在就是被
感知。

记住,灯塔会给所有船只导航,帮助它们安全抵达目的地。今天,有些

船只撞到了岩石上，正漫无目的地在海上漂浮。我们需要明灯指引。

职位差距带来的诅咒

在践行思维时也出现了另一个问题：经理与高级管理者之间不仅存在断层，而且你级别越高，你与企业其他人之间的联系就越少。高级管理者通常认为，他们实践这些思维方式的效率，远远高于他们的员工或同事所能察觉到的。这是一个典型的象牙塔问题，已经影响了几十代的领导者了。在企业中，我们经常开玩笑说领导者"不懂状况"，他们有点不合群，不和我们底下的人接触，但是迄今为止，支撑我们这一玩笑的数据相当之少。这一数据清楚地表明，领导者还未能掌握在未来进行有效领导所需的思维模式。这就是为什么我们看到如此大的转变，转向开放、真实、透明、目的和意义、关怀等。正是因为通过专注于这些事情，我们就能够创建更为人性化的企业，领导者能够和其他各级员工接触得更多。

伊莎贝拉·高珊是 ENGIE 集团的首席执行官，该集团是一家世界低碳能源综合服务企业，在世界范围内拥有超过 16 万名员工。她意味深长地说道：

> 对于领导者而言，不要做象牙塔里的囚犯至关重要。领导者必须要意识到他们企业面临的挑战，并且要关注员工，以及了解客户关心和看重的事物。你不能一人在金字塔的顶端自顾自地发号施令，领导员工，而必须要和底层员工共同领导。象牙塔不会自己倒塌，作为领导者，你必须自己拆毁它。

我们必须用竞技场替换掉象牙塔，在这个竞技场中，我们大家都"置身其中"。

1910 年 4 月 23 日，时任美国总统西奥多·罗斯福（Theodore Roosevelt）发表了历史上最著名的演讲之一，这场演讲也就是后面人们熟知的"荣誉属于真正在竞技场上拼搏的人"。在演讲中他提到：

荣誉不属于那些批评家，也不属于那些指出强者如何跌倒或者实干家在哪里可以做得更好的人。荣誉属于真正在竞技场上拼搏的人，属于脸庞沾满灰尘、汗水和鲜血的人，属于顽强奋斗的人，属于屡败屡战但还拥有巨大热情和奉献精神的人；荣誉属于投身于有价值事业的人，属于敢于追求伟大梦想，最终取得伟大成就或者虽败犹荣的人。这样，他的地位，将永远不会和那些灵魂冷漠胆小而不知胜败的人一样。

作为未来的领导者，你必须不断地扪心自问，你是否和你团队的其他伙伴一直置身于竞技场。若答案是没有，你最好立马进去。

全球趋势

哪个国家在实践这些思维方面是做得最好的？哪个国家在践行这些思维方面是做得最差的？我看了看排在前两类"比较好"和"非常好"的国家，也看了看排在底下两类"一般"和"一点也不好"的国家。在图 16.3 和图 16.4 中，你可以看到不同国家对"你认为你践行这些思维的情况如何""你认为你的经理在践行这些思维方面做得怎么样"以及"你认为你的高级管理者在践行这些思维方面做得怎么样"这 3 个问题的回答。

调查的国家都认为他们在践行这些思维方面做得相当好，其中巴西远远超过其他国家。然而，当我们开始让经理和高级管理者分开发表意见时，我们能够看到与之前自评的数字相比变化极大。纵观世界，仅 36% 的经理在践行这些思维方面做得"比较好"或者是"非常好"。这一数字比高级管理者的略高一点，他们有 38% 在践行这些思维方面做得"比较好"或者是"非常好"，但高分主要是来自巴西的企业。若不把巴西企业计算在内的话，这一数值便是将近 30%。

巴西、奥地利、德国、瑞士的人们都认为他们在践行这些思维方面做得很好，而其他国家落后于他们。这些国家的经理们在践行思维方面也获得了

高分，而中国远远落后于其他国家。在高级管理者践行四大思维的表现情况
方面，巴西与印度在这些国家中居于榜首，而澳大利亚与英国则位于它们之
后。有趣的是，大多数人在谈到领导力、创新、工作实践等这类事情时往往
会想到美国，然而在人数统计上美国却没有在榜首。

图 16.4 也是一个类似的图表，但是它是着重于"一般"和"一点也不
好"这两类，而不是着重于"比较好"和"非常好"这两类。

	美国	英国	德语区国家	印度	巴西	中国	阿联酋	澳大利亚
普通员工	69	69	70	64	78	48	68	67
经理	36	35	40	35	48	27	38	32
高级管理者	35	32	37	43	49	39	37	31

图 16.3　践行未来领导者思维模式：按国家进行比较

	美国	英国	德语区国家	印度	巴西	中国	阿联酋	澳大利亚
普通员工	29	29	28	35	20	47	32	32
经理	58	58	54	63	47	68	60	64
高级管理者	60	60	57	54	46	57	60	64

图 16.4　践行未来领导者的思维模式：各国的进一步比较

毫不意外，中国在"一般"和"一点也不好"下面两类占有极大的比
例，印度、阿联酋、澳大利亚紧随其后。在经理践行思维方面，巴西、奥地
利、德国、瑞士在"一般"和"一点也不好"下面两类占最小的比例，而中
国与澳大利亚占有最大的比例。在高级管理者践行思维方面，巴西与印度在
"一般"和"一点也不好"下面两类也是占最小的比例。同样，美国、欧洲其
他国家的得分也没有大多数人想象的高。

纵观世界各国，57% 的经理和 58% 的高级管理者被认为在践行四大思维

方面表现"一般"和"一点也不好"。

花一些时间去想想这些数字意味着什么：世界各地的绝大多数员工每天为他们认为不是探索者、厨师、服务员或世界公民的领导者工作，或与他们一起工作。那些没有好奇心、傲睨自若、不以服务为导向、不终身学习、不拥抱科技、没有全球思维、迟钝、不以目标为导向以及关怀他人、没有长进心态、思想不开放、不接纳多元化的领导怎么能领导我们呢？纵观世界，数十亿的员工为这些领导者工作，这能为他们创造一个什么样的环境呢？我们应该为这真的是我们工作的世界而感到愤怒、失望、尴尬。但是最重要的是，我们应该坚决果断且满怀希望，坚信我们能够改变这种境况。这些思维不仅仅是"有就行了"，它们对作为领导者的你取得成功至关重要，对你的企业取得更大的成功也至关重要。我们创建了一支僵尸大军，但是如果领导者愿意去管理它的话，这支队伍能够被治愈。

第四篇

五大技能

第 17 章

未来主义者技能

思维模式是未来领导者在思想上需要关注的问题，但是在本章中，我们将特别着眼于未来领导者在行动上需要注意的事项。同样，这些都是在我拜访了 140 多个总裁之后得来的，在未来十年内，它们对于这些领导者至关重要（见图 17.1）。

图 17.1 未来领导者的五种技能

哈里·谢顿（Hari Seldon）是斯璀璘大学（Streeling University）的数学系教授，斯璀璘大学位于川陀（Trantor）星球，哈里因为发展了心理史学而著名，这门学科综合了数学、历史学还有社会学，可以在很大程度上预测银河帝国的未来（心理史学只关注大规模人群，而非单独个体或是小群体）。上述内容出自我最喜欢的系列科幻小说《基地》，作者是艾萨克·阿西莫夫（Isaac Asimov）。通过这个系列，读者们可以了解到心理史学是如何影响世界大事的。这本书十分吸引人。尽管哈里是一个虚拟人物，但他却是未来主义者的终极典范。

当提及未来主义者时，和哈里·谢顿一样，很多人都会认为他们是预测未来的人，但这样的想法未免过于离谱。在商业场合中，我们总会听到人们对于未来主义者怀有这样隐秘的期望，但恰恰相反，"未来主义者"只是协助确保个人和组织不对未来可能发生的事情太过吃惊的人。而这项技能恰恰是被总裁们列为未来领导者应具备的头号技能。但这是如何做到的呢？

在国际象棋游戏中，一步棋的走法有很多可能性，这种可能性比宇宙中的原子数量还要多。这个游戏几乎有无限种可能性，除非有意为之，否则没有完全相同的两盘棋。在国际象棋规则中，前十来步落子称为"开局"，在这个阶段，顶尖大师们会从第一步棋就算出他们自己和对手之后可能会怎么走。显然，大师们无法准确预测对手会采取什么招式，但通过缜密的开局准备，他们会对对手可能采取的招式有所了解，因此，大师们很少会感到惊讶。当然，偶尔也会出现"超纲"的事件（意味着出乎他们意料的突发事件）。这些突发事件发生时，大师们会凭借自己的博弈知识、先前经验识别模式和直觉来处理。像一个未来主义者一样思考意味着关注眼前不同的可能性和假设，而不是只苦苦执着于某一种情况。从某种意义上说，实际上你是在观察周围许多的人，所以当命运指引你走向某条道路的时候，你大体知道即将发生什么。变革的步伐是最常见的塑造未来领导力的趋势和挑战之一。随着事物日新月异地发展，领导者必须能够应对这些变化，不仅要合理预测，还应制定合适的计划。当你的企业陷入困境时，这一点非常重要；而当企业蒸蒸日上，你和你的团队可能会自满时，更是如此。

阿尔弗雷多·佩雷斯（Alfredo Perez）是阿里科公司（Alicorp）的总裁，这家秘鲁食品生产公司拥有1万多名员工。我很幸运地在秘鲁见到了阿尔弗雷多和他团队，他们邀请我去演讲。阿尔弗雷多告诉我：

　　事实上，适应变化是不够的；我们需要领导变革，创造未来。
适应是让你的头保持在水面之上，但是领导和创造是在水面之上航
行。作为领导，我们需要在实绩和效率之间取得一种平衡。同时，
仔细考虑我们的决策在日新月异的环境中对公司和员工的影响。想
要适应的领导者已经落后了，敢于创新的领导者才会成功。

　　未来主义者用一个框架来帮助他们思考和构想这些可能性，并命名为
"可能性圆锥"（见图 17.2）。想象你正从一个圆锥的窄端往外看。这个窄端
代表了最近的时间范围，这个范围可能是几天、几周，甚至一年。通常来说，
时间越短，事情就越可预测，这也意味着你需要考虑到的情况或可能性就越
少。当你凝视圆锥时，时间视界扩大，圆锥变宽，这意味着你需要考虑的情
况和可能性开始增加。你需要考虑以下几种可能性：第一，可能发生的小概
率事件；第二，可能发生的情况；第三，你期望发生的情况。

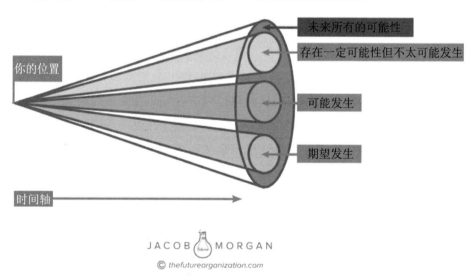

图 17.2　可能性圆锥

　　这些不同的可能性或许相当主观，它们取决于几个因素：第一，你识别
模式的能力；第二，"介入"的程度和你对相关趋势的认知；第三，花时间审
阅可能会给你未来带来某些线索的信号。对于领导者来说，这意味着你必须

比以往任何时候都更紧密地联系你的人际网，这些人际网包括客户、员工，甚至你的竞争对手。当我在休斯敦大学（University of Houston）学习预见力相关课程时，这是我们学到的最有用、最强大的框架之一。我经常用这个框架。当然，关于未来主义者使用的工具和模型有很多值得一写，人们甚至可以获得预见力（专业）硕士学位。但是，这个"可能性锥"也许是你开始像未来主义者那样思考的最实用的工具。

未来主义者如何思考

让我们来看一个关于人工智能和工作的例子，这个例子非常现实。如果你观察可能性锥狭窄的部分，那么，显然，明天、下周、下个月，甚至到年底的事情，看起来都和现在的事情差不多。某一天醒来，你不会发现公司的所有员工都被机器取代了，或者工作末日终于降临了。但假设你在展望未来，也许实现这些需要花费 5 年或 10 年。现在，情况突然就变了。

在这里可能会出现但出现概率较低的情况是什么？随着技术的不断发展和技术投资的增加，我认为我们当前的现状就属于上述这种情况。换言之，将来的事情不会和现在完全一样。那么，可能出现什么情况？在 5 年内，有一种情况可能是技术取代了许多常规性工作，并且在一些行业中，技术取代了工人，但这种取代不会像许多人认为的那么戏剧化。相反，许多新的就业机会将被创造出来，这些就业机会也可以平衡对就业率的影响。你希望看到什么样的局面？就我个人而言，我希望技术取代常规性的工作和普通工作，而曾经从事这些工作的工人可以重新受训并提升自己的技能，从而更专注基于人工的任务，如战略分析、客户咨询和人际关系。

这是未来主义者用于帮助他们思考、探索和规划未来的强大技术。事实上，未来主义者的任务之一，就是通过这种（或其他）方法来主持场景规划研讨会。当然，你可以在这些情况中设想出几个可能性和场景，或许你会发现，未来恰是你预期的多种可能性的组合。

这是对如何使用可能性锥的一个非常基本的解释，但它仍然是一个领导者应该学习使用的框架，这个框架相当有用。关键是要让你思考可能性和可能出现的情况，而不是只关注单一的可能性和场景，这是当今大多数领导者都乐于做的事情。这里有一个宏观的简单例子：假设你相信在未来的 10 年里，世界上将有数百万的工作岗位被替换，这些岗位中包括你所在的单位，而你的商业战略正是基于这个假设。你投资了各种技术和自动化项目，准备裁员，不再关注与员工体验有关的任何事情，比如工作空间设计、企业文化、领导能力或员工健康和福利计划。几年过去了，尽管技术因素在企业中已经变得更加重要，但是人力因素是你的企业最终运行的基础。也许人工智能的发展没有一些人预测的那么快，而你的客户仍然希望与人工进行交易，如此看来，决定你成功的是工作中的人力方面（而不是技术）。不幸的是，在过去的几年里，你一直在重新规划你的单位，它变得没有人情味儿，于是现在就陷入了困境，因为你犯了一个错误，那就是选择一条路走到黑，而不是去想可能会途经更多的转角。

未来的领导者必须适应和善于思考不同的可能性和局面，并采取适当的计划，以实现其中之一。作为一名领导者，应该使未来的变数最小化。上述框架在大小范围内都适用。值得庆幸的是，技术在这个领域发挥很大作用。

迈克尔·卡斯巴（Michael Kasbar）是全球燃料服务公司的董事长兼总裁，该公司是一家全球性的燃料物流公司，拥有 5000 多名员工。迈克尔是这么说的：

多年来，领导者凭借本能和直觉作出决策、制定战略，这在今天固然很重要，但现在我们有了数据和技术，可以帮助我们确定是否在朝着正确方向前进。对于未来的领导者来说，不用选择一条路然后坚持走下去；而是观察许多种情况，同时探索许多条道路，以了解最优选择。

许多领导者至今也在不断地问："工作的未来是怎样的？"我之所以会知道这个，因为这是他们最常问的问题之一。这个问题基于两个错误又危险的假设。第一种假设是工作的未来只有一种；第二种假设是未来就是发生在我们身上的事。正如我在上面解释的那样，某种单一的未来不是必然发生的，

所以请把这种思维方式从你的头脑中剔除。当我们提及未来会发生在我们身上的事情时，它就会使人们联想到自己的腹部即将受到猛烈的撞击，而他们所能做的就是全副武装以应对。但未来并非"即将发生的事"，而是可以被我们所规划、改变并创造的它。对于未来十年的领导者来说，像未来主义者一样思考就意味着要消除这两个错误的假设，并让自己处于主导地位，不应该问："工作的未来是什么？"而应该问："我或是我所在的单位希望看到未来的工作是怎样的？我们又将如何实现？"正如亚伯拉罕·林肯（Abraham Lincoln）的名言："预测未来最好的方式就是创造未来。"

汤姆·威尔逊（Tom Wilson）是好事达保险公司（Allstate Corporation）的董事长兼总裁，拥有 4.3 万多名员工和 1 万多个像独立承包商一样运作的机构所有者。汤姆说："领导力就是塑造未来的能力，这种能力不仅仅是对未来趋势作出反应。任何人都可以对趋势作出反应；问题在于你能否看到这种趋势并塑造一个更美好的未来。这才是领导者应该做的。"

领导者如何培养未来主义者技能

有意思的是，我们当中有许多人在个人生活中以某种形式练习这项技能，只是我们在无意识地这样做。回想你第一次约会，第一次有孩子，第一次买房，或者作许多其他人生重要决定时，你开始问自己这样的问题："第一次约会之后，我能看到和这个人的未来吗？""和这个人在一起生活会是怎样的？""如果我们在这里买房，未来十年这个社区的房产价值会是多少？""如果价格大幅上涨或下跌会怎么样？"换句话说，你已经在思考不同的场景和可能性，并在脑海中描绘出来。但出于某种原因，当我们去上班时，大多数人都放弃了这项技能。

预见领域有很多组成部分，但从高层次来看，你能像未来主义者那样思考的最好方式就是在作决定时，问自己一系列问题。你会发现，这些问题可以应用于一些大事，比如改变组织的战略方向，也可以应用于小事，比如，你想如何主持一场会议。

我想让你思考几个问题：

- 为什么"这件事"可能发生也可能不会发生？
- 可能发生什么事？
- 我希望发生什么？我怎样才能让它发生？
- 怎样的因素可能会影响某种情况发生的可能性？

从这 4 个问题开始，如果你经常在作决定的时候扪心自问，你的思维方式就会改变。

你还可以做另一件有用的事，那就是学习玩类似国际象棋的游戏。为了成为一名更好的领导者而学习如何玩游戏，这听起来可能有点奇怪，但它确实有效。像加里·卡斯帕罗夫（Garry Kasparov）这样的顶级国际象棋大师写过很多书，书中阐述了国际象棋的概念和原则，以及这些原则在商业方面尤其是在领导力方面的应用。学习国际象棋这样的游戏会迫使你从场景和可能性的角度去思考。这种游戏促使你寻找模范，教你如何通过计算进行工作准备，并帮助你从战略和战术上进行思考。

在这里要说的最后一点是，记得使用可能性锥。实际上，通过组织小型会议或大型工作小组来了解这些类型的未来主义工具和框架很有帮助，然而，一些领导者也会快速地将思维可视化，就像国际象棋大师思考他们下一步落子一样。

记住，没有所谓的单一未来，未来不是发生在你身上的事情，而是你创造的东西。你想要创造什么样的未来，你打算怎样去创造？

Yoda

第 18 章

尤达技能

20世纪80年代，当尤达第一次出现在电影《帝国反击战》中时，他还是一个绿色的小角色，但让世界上数以亿计的观众都了解并爱上了这个角色。我想，尤达也是人们所创造出的富于感情的人物之一。毕竟，尤达一生中训练了许多绝地武士，当时已经900岁高龄。在《星球大战》系列电影中，他扮演着向导、导师和许多其他角色的老师，那些角色向尤达寻求智慧与"原力"的联系。关于尤达，他的很多名场面和名言都与情感有关：

"恐惧是通往黑暗的道路——恐惧令人愤怒；愤怒令人仇恨；仇恨令人痛苦。"

"记住，绝地武士的力量来自原力，但是要小心愤怒、恐惧和攻击性，它们就是黑暗面。一旦你踏上黑暗之路，它们将永远主宰你的命运。"

"运用你的感觉，欧比旺，你会找到他的。"

未来领导者必须学会引导他们内心的尤达，这意味着高情商，尤其是要能够练习同理心和自我意识。

情商（同理心和自我意识）

"情绪"这个词很少和"领导者"一同出现，但我采访过的许多总裁都表示，到2030年，同理心和自我意识都将是领导者最重要的必备素养。在一个技术驱动型的世界里，可能最重要的就是对人类思维和素质的关注。然而讽刺的是，应该被优先考虑的思维方式和素养却最不受人们重视。

同理心

同理心是指能够理解他人的感受和情绪，并且能够设身处地地为他人着想的能力。这个说法有一点像把"自我"从你的肉体中剥离出来，再把"自我"放到其他人的肉体中。用国际象棋来比喻，这相当于试图去参透你对手的谋划，而不再是专注于自己的谋划。

服装零售商 L.L.Bean（拥有 5000 多名员工）的总裁斯蒂芬·史密斯（Stephen Smith），在他办公室白板的一角，写下了三项领导品质，以便提醒自己每天都要练习。这三项品质中，排名第一的是同理心，第二是透明度和诚实。以下观点来自斯蒂芬：

> 从历史角度看，同理心不只是字面意思，它还常常应用于商务中。但是，能够设身处地为别人着想，能够多方面看待任何困境或问题，或任何你试图多方面解决的问题，这就是领导者最重要的能力之一。当然，你还希望建立一个拥有多方位视角的团队，因为这样就可以找到共同点，然后找出最佳解决方案。

同理心是领导者必须实践的东西，无论是在你身边工作的员工、千里之外的远程办公员工、客户，还是你在职业或私人生活中与之互动的任何人。根据"2018 职场同理心状态"报告，87% 的美国总裁认为公司的财务业绩与职场同理心有关（Businessolver，2018）。在当今的商业世界中，我们已经完善地创建了具有同理心的组织，组织中的员工们很擅长"我很遗憾你有那种的感觉"之类的说辞。不幸的是，这里几乎没有涉及人际关系的内容。客户服务代理、自动电话，甚至可能与我们互动的聊天机器人，总是对我们说"对不起"。我们从零售员工、医生或航空公司登机口的工作人员那里也听到过这种话。诸如此类的话我们听过太多了。

作为一个领导者，可以在很多场景中发挥同理心的作用，比如，通过理解每个人的视角试图解决冲突、为客户开发产品或服务、提高协作、创建团队心理安全，或者通过理解业务对人的影响作出更好的业务决策。尤其是在工作环境中，我们会轻易地评判别人，这个心态适用于所有级别的员工。举个例子，我们极易认为，若是某个员工在脆弱时向公司寻求帮助，那么他显然不适合这份工作。但一个极有同理心的回答或许是："我理解你的感受，我刚开始在这里工作的时候也有类似的情况发生。"

创意领导中心开展过一项关于职场同理心的研究，结果发现，基于 6731 名领导者的样本，同理心与工作表现呈正相关，"对直接下属表现出更多同理心的经理，在他们的工作中被老板视为表现更好的人"（Gentry，2016）。

同理心是一块基石，它可以使组织更人性化。XPO 物流公司（XPO Logistics）的总裁布拉德利·雅各布斯（Bradley Jacobs）（我们在书中早些时候见过他）很好地描述了这一点：

> 对于一个领导者来说，站在他人的角度考虑问题，是一种非常宝贵的品质。随着时间的推移，未来的领导者必须比我们现在更有同理心，也更具有辩证思维。我所说的辩证思维，是指能够克服你的偏见，使思维灵活，而不是僵化。领导者需要跳出自己的思维，了解客户和员工的想法。这种能力对于未来的领导者来说是至关重要的。

自知之明

除了同理心，在我跟这些 CEO 进行的有关情商的讨论中，其他有关情商方面的话题也偶尔出现，那就是自知，也就是关注自己的情绪、感受、心态、动机和欲望。我曾就这个问题采访了塔莎·欧里希博士（Dr. Tasha Eurich）。她是一名组织心理学家，是《纽约时报》畅销书《真相与错觉：帮你认识自己》的作者，也是全球顶尖的研究自我意识的专家之一。根据塔莎的观点，自觉性包括两个部分：第一个部分是内部的自我意识，即我们如何看待自己的价值观、激情、思想、感情和情绪；第二个部分是外部的自我意识，即理解别人如何看待我们。

欧里希博士和她的团队研究发现，95% 的人认为他们有自知之明，但实际上只有 10% ～ 15% 的人有自知之明，两个数据差距甚大（Eurich，2018）。我问塔莎为什么自知如此重要，她的回答令我记忆犹新：

我要告诉你一个鲜为人知的秘密——在领导者提高自知的时候，它会产生连锁反应。就个人而言，自知使我们成为更好的、更容易获得提升的表现者、沟通者和影响者，也有助于我们远离不道德的行为。就人际关系而言，自知加强了我们在工作和家庭中的关系——促使我们有更美满的婚姻，养育出更成熟的孩子。其他证据表明，有自知的领导者拥有更敬业的员工，只要领导者自觉性强，员工们就愿意更努力地工作，也更尽忠职守。这样的例子不胜枚举。

如果这些结果还不够令人信服，有证据表明，实际上一个拥有自知的领导者的公司更有价值，而公司拥有大量自觉的员工则拥有更好的利益回报。

我有一个疑问，如果某些事物会在你生活的方方面面造成连锁反应，你为什么不肯为其投入时间？另一种思路是，你的自觉性会为你设定一个上限，这对于在 21 世纪的商场中取得成功是很关键的。认识到这一点并努力改进的人的确拥有独一无二的优势。

加州的蓝盾是一家医疗保险提供商，这家公司拥有约 7000 名员工，服务过逾 400 万名会员。蓝盾总裁保罗·马尔科维奇（PaulMarkovich）将自觉性的概念牢记于心：

每逢周末，我都会静坐并思考我想扮演怎样的角色。我是想做一个合格的父亲、一个好丈夫，社区里的合格公民，还是工作中雷厉风行的上司，这些就是我这一星期要做的事情。有目的性地计划好一周，对我来说很有效。我有一个任务宣言，它指引着我的职业选择——我想在哪里工作，我想如何工作。

保罗为了培养"外部自知"，保罗的教练每 6 个月就会采访一次保罗的直接下属，并把这些采访结果反馈给保罗。然后，保罗会与自己的高层团队回顾这些反馈，告诉团队他将如何应对。保罗说，此举对于帮助他了解应如何在工作中表现，以及如何影响他周围的人，都是很重要的。

国际知名心理学家、畅销书《情商：为什么情商比智商更重要》的作者丹尼尔·戈尔曼（Daniel Goleman）表示："情感自知是一种领导能力，这种能力体现在一个又一个模型中。这些领导者会协调他们的内在信号，并认识到他们的感受是如何影响他们，以及如何影响他们工作表现的"（戈尔曼，2004）。

美国管理协会（American Management Association）对 72 名高级管理者进行过研究，发现自知方面得分越高，就预示着越能够取得全面成功。根据研究人员和企业组织心理学家贝基·温克勒博士（Dr. Becky Winkler）的说法，这是因为领导者能够意识到自己的弱点，从而能够雇用在自己所不擅长的领域表现更出色的人。在这项研究中，有意思的一点是，那些严苛的，不惜一切代价追结果的领导们非但没有收获更多效益，反而有所降低。另外，那些拥有自知的领导者却能创造更多的经济效益（温克勒，2019）。

汉斯·卫翰思（Hans Vestberg）是威瑞森通信公司（Verizon Communications）的总裁，威瑞森通信公司是一家美国跨国电信集团，在全球拥有超过 1.52 万名员工。汉斯·卫翰思精确概括道：

> 一个优秀的领导者，必须掌握的第一层内在技能就是将自己视为个体来管理，这种管理包括身体的健康状况、情绪平衡、自我认识——你在每次会议、每个决定、每场公共活动中所做的一切。很多领导人都试图忽略或淡化这种最基本的技能的作用，然而这样做的后果很严重。

成为一个真正的领导者不仅意味着如何成为一个自觉性强的领导者，也意味着别人如何看待你。

情商的其他要素

尽管我采访过的总裁们明确指出同理心和自我意识是情商中最重要的，但实际上，领导者需要注意的还有更多。丹尼尔·戈尔曼是世界顶尖情商方面专家之一，他不仅是一名心理学家，也是科学记者。他是最早提出情商比智商更重要的人之一，他在自己的畅销书《情商》（*Emotional Intelligence*）中对此进行了探讨。根据丹尼尔的研究，情商实际上由 5 个部分组成：

■ 自知之明——能够理解和识别自己的心情和情绪，以及如何影响他人的能力。

■ 自我约束——行动前先思考，控制冲动和其他情绪的能力。

■ 内在动机——由于个人原因去追求目标，而不是为了某种奖励（与外部动机相反）。

■ 同理心（移情能力）——识别和理解他人的情绪，这对于成功建立并领导团队是至关重要的。

■ 社交能力——管理人际关系和建立网络的能力。（戈尔曼，2004 年）

根据 TalentSmart 的研究显示，组织中优秀员工有 90% 的人是高情商的。然而，差评员工中只有 20% 的人拥有高情商（TalentSmart，n.d.，TalentSmart 是世界领先的情商测试、情商训练以及情商认证的服务商，为超过 75% 的世界 500 强提供过服务）。哈佛商学院（Harvard Business Extension School）展开进一步研究，其中还引用了两个例子，证明了情商对组织绩效的影响。第一个例子是法国制药公司赛诺菲（Sanofi），该公司在全球拥有超过 11 万名员工，因为重视销售人员的情商技能（包括评估和研讨会），销售业绩提高了 13%。第二个例子是摩托罗拉（Motorola），该公司在引入情商培训项目后，工厂员工的生产率提高了 90%（威尔考克斯，新罕布什尔州）。

美国女童子军前总裁弗朗西斯·赫塞尔本（Frances Hesselbein）是总统自由勋章获得者，总统自由勋章是平民所能获得的最高荣誉。除此之外，她还拥有 23 个荣誉博士学位。2015 年，弗朗西斯·赫塞尔年满百岁，但仍继续为世界各地的许多领导人提供建议和指导。我和弗朗西斯相处了几个小时，她传授我很多有关领导的智慧，也包括下面这一条，我将其牢记在心，并相信它对提高自知是有用的：

我们倾尽一生来学习如何做领导，也教人们如何去做领导，但是我们知道最后是由领导者的素质和性格来决定表现和结果。所以，领导力关乎"如何做人"，而非"如何做事"。

《哈佛商业评论》的文章《什么造就了伟大的领导者》（戈尔曼，2004 年 1 月）写道：

最有效的领导者在一个关键方面都是相似的——他们都有很高的情商。并不是说成为领导者不需要智商和技术技能，它们的确很重要，但是它们是行政职位的初级要求。我的研究和其他近期研究都清楚地表明，情商是领导能力的必要条件。没有它，一个人即使接受世界上最好的训练，拥有敏锐的分析头脑和源源不断的聪明想法，但也仍然不能成为一个伟大的领导者。

如果这还不管用，那么想一想自己更受益的激励——高情商的人每年比低情商的人多挣 2.9 万美元。

光辉国际（Korn Ferry，2017）在一本书中提到的一项关于情商的研究发现，高情商领导者的一些常见行为，包括以下几种：

- 高情商领导者多听少说。
- 高情商领导者告诉人们"怎样做"和"为什么"，而不是简单地告诉人们执行什么。
- 高情商领导者激励团队成员并认可成员的贡献，而不是一味地批评和纠正成员的错误。
- 高情商领导者会公开解决分歧，安抚人们在冲突时的情绪。
- 高情商领导者懂得如何激励团队成员，并营造培养这种活力的环境。
- 高情商领导者鼓励团队成员在公司工作 5 年或更久，因为这样会使他们投入其中，更能高效完成工作。

百事公司（PepsiCo）前总裁英德拉·努伊（Indra Nooyi）在接受彭博社（Bloomberg）采访时，分享了她父亲去世后她在印度看望母亲时的一点感悟。他们为朋友和家人举办了一场聚会，人们到场后找到英德拉的母亲，并赞美她培养出这样一位全球总裁，称赞英德拉的斐然业绩。英德拉这才意识到，她的成功在很大程度上取决于父母对她的培养、影响和支持。在接受彭博社采访时，英德拉谈到，她的母亲会不断提醒她要有远大的梦想，甚至在餐桌上，母亲会要求英德拉假装成印度总理发表演讲。英德拉的妈妈会给她提供反馈并评判她的表现。

在采访中，英德拉说道："我突然意识到，我从未向那些把自己孩子送到百事公司工作的高级管理者们表示过感谢。"英德拉回到家后，给她那大约有400名成员的管理团队的父母们写了一封信。她记录了这些团队成员们在做什么，然后写道："感谢你把孩子送到百事公司来，谢谢这份礼物。"英德拉开始收到许多家长的回复，他们说，收到她的信家长们备感荣幸。一些主管告诉英德拉，这是发生在他们父母身上的最好的事情。正如英德拉所言："你需要看着员工，然后告诉他，'我看好你'我也知道你工作以外的生活，我要尊重你的生命中的全部，而不仅仅是把你当作编号 4567 的员工。"（鲁宾斯坦，2016）。

柏思远是洲际酒店集团（IHG）的总裁，这家全球连锁的酒店公司在全球拥有超过 40 万名员工。柏思远告诉我：

成为领导者必须从自我意识开始。我对那些自我意识极强的人感到惊讶，也同样对那些没有自我意识的人感到讶异。因为这又追溯到了学习的敏捷性和改变，这是成功的关键。你必须经常问自己："我怎样才能做得更好？""我怎样才能做到与众不同？"或者"我在哪些方面做得不错？"你必须听取身边人的意见。如果你没有自我意识，那么你就不会知道这些问题的答案，甚至你可能一开始就不会问这些问题。尤其是在未来，这样是没有办法担当领导者的。

领导者如何学习尤达技能

提到同理心，许多人向布琳·布朗博士（Dr. Brene Brown）寻求建议。布琳·布朗是休斯敦大学（University of Houston）的教授，也是多部畅销书的作者，其中包括《勇敢依旧》（*Daring Greatly*）和《领导的勇气》（*Dare to Lead*）。她研究同理心已有 20 多年，并总结出了一套很棒的方法，任何领导者都可以用这 4 个步骤来练习和展示同理心：

- 换位思考，或者设身处地为别人考虑。
- 理智判断并懂得倾听。
- 从另一个人身上感受你曾经也有过的情绪。
- 积极沟通，识别情绪。

这看上去很容易，听起来也很简单。同理心的核心是与另一个人建立一种情感上的人性联系。但正如布朗博士所提示的，这种联系经常需要我们去思考、回忆或反思那些并不总是令人愉快或舒适的事情和情绪，同时也会让我们变得脆弱。但是无妨，因为正是这些联系使我们成为人类。作为领导，跟客户、员工、朋友和家人互动时，要经常练习这 4 个步骤（布朗，新罕布什尔州）。

还有一些信息需要铭记于心。同理心是由大脑中被称为颅上回的部分控制的，研究人员发现，当需要迅速作出决定时，这一区域的功能却不能正常运行。这就是为什么从倾听开始，并在回应或采取行动之前花些时间停顿是如此重要。除非你保持着一个中立的态度或处于与他人相似的境地，否则同理心也很难习得。如果你对一次新的晋升感到兴奋时，而另一个人却因为他或她得到的差评而感到沮丧，你们的情绪将很难联系起来。你必须在心理上设身处地为他人着想，想象自身类似的经历，或者至少试着让自己处于一种客观的情绪状态。

当谈到自我意识时，塔莎·欧里希（Tasha Eurich）发现了一些令人不安的事情，那就是权力和自我意识之间存在着一种反向关系，也就是说，公司里的人职位越高，自我意识就越弱。这就是为什么领导者的自我意识是如此重要。自我意识可以通过很多方法来实现，包括内部和外部的自我意识。在内部方面，塔莎给出的最有效的建议是不要问"为什么"而是问"是什么"。

我们经常问自己为什么会有这样的感觉，或是为什么会做这样的事——例如，"为什么我感觉如此沮丧"，或者"我为什么要对我的团队成员说这些"？我们问"为什么"是为了练习反省或自我反省，但不幸的是，"为什么"的答案通常是在我们潜意识中的，这意味着我们并不真正知道我们做一些事情或感觉到某种特定方式的原因，但我们编造理由，然后用以证明我们的感觉、行为或行动是正确的。相反，应把注意力集中在"是什么"上。例如，是什么让你感到不安？是什么让你对你的团队成员这么说？专注于"是什么"可以更有效地帮助你作为一个领导者制订计划，这样你就可以开始问自己这样的问题："我将来要做什么来确保我不会有这种感觉？"或者"我能做些什么来确保将来我能作出更好的决定？"（Eurich，2018 年 1 月）。

你也可以用本杰明·富兰克林的做法做试验。富兰克林是美国的缔造者之一，他非常相信自我意识。他定期列出自己的优点和缺点，以确定他性格的整体价值。这是一个很简单的练习，任何人都可以做到。无论是在你的电脑、手机，还是一张纸上，只要你写下所有的优点（你的资产），然后写下你所有的缺点（你的负债）。写完之后加以审视，你可以主观地确定你的角色净值是多少。试着每月或每季度做一次这样的练习，如果你在锻炼自己，你应该看到你的整体性格净值在增长。我们花了那么多时间研究公司的财务状况和业务指标，也许是时候看看自己的性格了。如果这对本杰明·富兰克林有用的话，它肯定也会对你有用。

当谈到外在的自我意识时，你能期待的最好的事情就是从别人那里得到坦诚的反馈。这里特别强调"坦诚"！你不只是想让别人称赞你，歌颂你多么伟大。作为一名领导者，你需要创造一个真正开放和安全的环境，让你的团队成员和同事能够接近你并对你诚实。积极的反馈令人愉快，但关键的反馈最终会帮助你提高。在尽可能的情况下，找出那些塔莎称之为"善意的批评家"的人，和那些对你最感兴趣并愿意告诉你真相的人。

就像尤达大师常说的："愿原力与你同在。"这句话更好的说法是："愿情商与你同在。"

The Translator

第 19 章

译者技能

"translation" 这个单词来源于拉丁语 "translatio"，意思是 "携带" 或 "带来"。我喜欢把它联想成一座桥梁，这座桥梁用来连接人和事物。译者已经存在了几千年，他们对我们所熟知的集体历史起到很大的作用。因为犹太人流落各地，忘记了这种祖先的语言。所以在公元前 3 世纪到公元前 1 世纪之间，犹太人的《圣经》翻译成了希腊语，这是很重要的，在 9 世纪，阿尔弗雷德大帝将优西比乌的教会历史和波伊提乌的哲学慰藉翻译成 "vernacular Anglo-Saxon"，促进了基督教的传播。在亚洲，佛教的发展和传播带来了大量的翻译工作，同时也促进了佛教的发展。译者的影响已远远超出宗教范畴，甚至扩展到诗歌、政治、音乐、电影以及各种现有的媒体和流派。无论我们研究的是哪块大陆或哪个时期，译者及其译文都对我们的历史产生了巨大的影响，并且这种影响仍在持续。

倾听和沟通往往很重要，未来 10 年中，其重要性将增加 10 倍。我们现在所处的世界将会变得越来越紧密和分散。我们要处理大量的社交噪音。想想我们可以用来交流和倾听的所有渠道，它们也在增加。这些渠道也在促使我们改变个人行为——成年人之间现在甚至通过自拍和表情符号来交流！

现在，想象一下，在未来 10 年这将成为怎样的局面。对于领导者来说，了解他们的员工、客户、竞争对手和整个社会将比以往任何时候都更加重要，如果不倾听，那么这将无法实现。领导者也比以前更容易受到公众的关注，他们的股东和利益共同体都在不断地寻求答案并观察公司的举动，因此，能够在这种世界中沟通也将是很重要的。

普华永道美国董事长兼高级合伙人蒂姆·瑞安说：

> 现在的领导者们（无论性别）的身上背负了人们太多的目光。在一个越来越不确定的世界中，这种现象指数级增长着。我见过很多人在他们的职业生涯中碰壁，因为他们无法无视那些批评他们的人，并直面那些负面评价。事实上，掌握这项技能将变得更重要。虽然你永远无须取悦所有人，但你必须始终倾听他们的意见而不是去解释，你需要与人进行有效地沟通，根据需要来纠正路线，并不断前进。

2018 年 6 月，人才评估预测系统（the Predictive Index）进行了一项调查，询问了 5103 名受访者关于他们经理的情况。当问到不合格的管理者的首要特征时，最常见的回答是"没有传达明确的期望"（58%）。后面几个大比率的回答是"不听别人的话"（50%），以及"口头沟通能力差"（48%）（人才评估预测系统，2018 年）。

倾听

许多领导把"倾听"和"听"混为一谈。"听"只是声音进入耳朵的感知。实际上，你读这本书的时候，可能会听到来自周围的不同声音。也许你坐在咖啡馆里，能听到人们说话的声音；也许你在飞机上，能听到引擎轰鸣的声音；又或许你坐在家中，能够听到鸟儿在外面的啁啾声。"听"不是一种有意识的过程，听到声音是不费吹灰之力的。

倾听则截然不同。它是通过有目的和有意识的努力去理解某人或某事。在当今这个纷纷扰扰的世界里，"倾听"其实比"听"难多了。想想当你和某些人的某次交谈中，你知道他们没有在听你说话。也许他们在看你，但你可以看出他们注意力没有在对话上。也许更明显的表现是，可能有人一直在看手机或笔记本电脑，而不是听你说话。想想这件事给你怎样的感受——这或许会让你不太好受，你的感受很重要。

现在我们有许多新的沟通渠道，未来的倾听型领导者意味着要有许多不同的"耳朵"。

我总是格外关注有多少领导者喜欢模仿其他组织的领导者所做的事情。我总是告诉这些领导者们，别像谷歌那样！找出员工和客户需求的最佳方法是什么？不如你直接去问他们，然后听他们怎么说。

我们大多数人都曾经和某人有过某种关系。想象一下，如果你通过阅读杂志或从朋友那里询求建议来学习如何表现自己，那么这是非常愚蠢的做法。为什么不直接去找和你有关系的人，直接从他们那里得到反馈呢？现在的领导者似乎害怕和员工交谈，这种恐惧需要尽快克服。

查理·杨（Charlie Young）是科威房地产公司（Coldwell Banker）的首席执行官，这是一家拥有 9 万多家附属代理商和经纪人的房地产公司。倾听是查理领导方式的重要组成部分。

"倾听"不是我发明的，我相信这种方式已经有 100 年的历史了，并且非常有用，尤其是当我进入新的环境或改变环境时，那就是继续——停止——开始。我让每个人坐下来，让他们告诉我，我们应该继续做什么？我们应该停止做什么？我们应该开始做什么？我问了团队里的所有人。关键就在于倾听团队的反馈，分析数据，然后确定最佳行动方案。然而这一切都始于倾听。

对于领导者来说，倾听是至关重要的，因为他们与客户，甚至与员工都太疏远了，尤其是在大型的全球性组织中。在我为这本书所做的研究中有一个一致的发现，那就是你的职位越高，你就越容易被公司其他员工排斥。你对你如何思考未来趋势和实践在这本书中探索的技能和心态的感知与同事们是不一致的。弥补该差距最好的方法之一就是练习倾听。

麦克·尼兰（Michael Kneeland）是联合租车公司的总裁兼首席执行官，该公司拥有 1.8 万多名员工。迈克尔告诉我："我一直在经历一个倒金字塔的世界。我离我的客户太远了，所以我认为我能做的最有影响力的事情就是倾听和理解一线发生的事情。"

难怪很多人都说倾听是对别人最大的尊重和爱。通过真正倾听周围的人，你将能够建立更好的关系，作出更明智的决定，并创造一个更敬业的员工队伍。然而，作为一个领导者，这意味着你也要鼓励你的员工直言不讳。如果没有人愿意和你说话，做一个好的倾听者毫无意义。

嘉年华邮轮公司（Carnival Cruises）的首席执行官阿诺德·唐纳德（Arnold Donald）告诉我："如果你想成为一名有所作为的领导者，你必须了解你所领导的人的动机。你需要真正能够倾听他人。如果你善于倾听，世界的大门将会向你打开，但你必须能够倾听。"

沟通

沟通实践起来很容易，只是一个人与另一个人（或组织）之间传递或共享信息。我们每天都会重复很多次。然而，对于现在和未来的领导人来说，仅仅分享信息是不够的，单纯的分享信息人人都能做到。

15 年前，我在旧金山的一家营销机构工作，这是我为数不多的正式工作之一。实际上，这也是我为别人工作的最后一份工作。当时 Web 2.0 会议非常流行，我赢得了参加会议的免费入场券（票价超过 2500 美元）。这个活动是在旧金山湾区当地举行的，我问老板我是否可以参加。我没有任何需要交付客户的工作，就提出在晚上或周末补上所有需要的工作，我还说，因为我们是一家营销机构，有机会参加营销会议将是一件很棒的事情。但上司们的回答很简单："不行！"没有解释，没有讨论，什么都没有，只有"不"。同样，老板很少与员工共享公司方向和策略，没有试图得到反馈或别人的想法。团队成员好像没有任何存在感（老板整天把自己锁在他的办公室），显然，我们都为他工作。所以，我辞职去参加会议，这是我作过的最好的决定，让我走上了现在的职业道路。

沟通是领导者手上最重要的工具之一。这样你才能激励周围的人，与他们建立联系，使他们团结一致。有效的沟通也有助于确保策略得到有效执行。

我们都受过糟糕和成功的传播者的影响。是否有无数次，你和领导开会，或者听了领导讲话，结果却发现之后自己一直在问："啊？"领导发来一封白皮书大小的电子邮件，读起来更像是给治疗师的信，而不是给团队的信，你作何感想？你是否曾经收到过关于一个项目的超长短信，而你却需要花 30 分钟用大拇指去回复？

沟通是关于理解并使用不同交流渠道，并在他人面前保持一种明显的存在感的行为。这种沟通既可以是语言的，也可以是非语言的，而且一直在进化，这使其具有挑战性。在过去，我们主要是面对面或书面交流，然后我们有了电话、电子邮件、短信、协作工具（Slack）、社交媒体平台（Facebook 和 LinkedIn）、视频会议工具，现在我们正在探索增强现实联系、虚拟现实、全息图，谁知道在未来几年还会出现什么。每一个新的渠道都意味着作为领导者，你的信息必须被清楚又响亮地接收，无论它是如何传播的——包括表情符号的传播！

长野刚（Tsuyoshi "Nick" Nagano）是东京海上日动保险公司（Tokio Marine Nichido）的总裁。这是一家总部设在日本东京的跨国保险控股公司。他简明地阐述了沟通的重要性：

> 作为一名总裁，我 70% 的时间都用来和公司的人沟通。这似乎是一大把时间，你想想，我管理着全球 3.2 万名的员工，这也就意味着他们平均每年只能以线下或线上的方式听到我 20 分钟的讲话。因此，这 20 分钟简直至关重要，否则我作为 CEO 的影响力在哪儿？

最近，2000 多名领导者参与了一项调查，调查研究他们和自己的员工在什么方面沟通最困难，69% 的管理者们的回答是"总体沟通"。这个答案最多，也是一个非常具有警示性，显然也很吓人的数据。排在第二的回答占比 37%，是"对员工的表现给予反馈／批评，他们可能会对此作出不好的回应"。排在第三的回答（占比 20%）的受访者表现出脆弱性，他们认可员工的成就，以真实的方式传递着"公司路线"（所罗门，2016）。

我真的很喜欢梅丽莎·雷夫（Mellissa Reiff）在采访中所提及的沟通方式。她是容器商店集团的总裁，这家从事仓储和组织产品的零售商公司拥有5000 多名员工。她认为，"沟通就是领导力。二者本质相同。每天的高效练习以及有预测性的、富有同理心和礼貌的沟通对于企业发展和维持企业的成功至关重要"。

霍尔姆斯（Holmes）对美国和英国 400 多家拥有 10 万多名员工的企业进行了调查。调查报告显示，沟通障碍使企业平均每年损失 6240 万美元的生产力。然而，那些领导者能够进行有效沟通的公司，在 5 年的时间里，股东的回报率高出 47%（霍尔姆斯，2011）。

领导者如何培养译者技能

山姆·沃尔顿（Sam Walton）是沃尔玛（Walmart）的创始人，沃尔玛是全球最大的雇主之一。在将近 30 年的时间里，山姆每周都会带着一支笔和一个黄色记事本到全国各地的商店和配送中心去。他会花时间与员工交谈，听他们讲述如何更好地服务客户的反馈。山姆也会和顾客交谈，甚至是他竞争对手的顾客。他是当代倾听型领袖的先驱。山姆知道倾听对他的组织的成功至关重要。包括西尔斯（Sears）和凯马特（Kmart）所有沃尔玛最强劲的竞争对手在内，只有沃尔玛蓬勃发展，并延续至今，这也许并非巧合。

关于"倾听"有一些为人熟知的基础知识，比如看着别人的眼睛，不要打断别人，练习良好的肢体语言，以及给对方一些口头暗示，让对方知道你在听。但根据最近的一些研究，成为一个伟大的倾听者远远不止此。

来自福克曼顾问公司（Zenger/Folkman）的杰克·曾格（Jack Zenger）和约瑟夫·福克曼（Joseph Folkman）在倾听力方面做了一些宏大的研究。他们为 3492 名学员量身打造了一个培训计划，由此可以获得更好的领导力数据。在收集了全方位的评估后，前 5% 被认定为是最有效的听众。杰克·曾格和约瑟夫·福克曼的发现得出了 4 个结论。

第一，一个好的听众不会在其他人说话时简单地保持沉默，实际上，事实正相反。最好的听众不仅会提问，还会以促进发现和洞察力的方式提问。换言之，他们要挑战说话者可能有的假设，但要以温和和具有建设性的方式。做一个好的听众，不仅仅意味着你要提问，还要问好问题。研究表明，最好的听众能够创造双向对话。

第二，一个好的听众可以建立一个人的自尊心，让他们感受到支持，并且倾听者对说话者有信心。那么，成为一个好的倾听者，另一个重要组成部分就是创造一个安全的环境，可以公开讨论问题和分歧。

第三，一个好的倾听者创造了合作的对话，信息和反馈得以流畅的传达。还记得以前听唱片或 CD 的美好时光吗？如果它们被划伤了，歌曲就被跳过，或重新开始播放，或者产生奇怪的声音。但如果唱片或 CD 保存得很好，这首歌就会演奏得很流畅。作为一个领导者，你的工作是确保你的唱片或 CD 不会被划伤，以及确保谈话顺利进行。

第四，一个好的倾听者会提出建议并探索其他途径或机会，而不仅仅作为交谈者和倡议者。

基于这项研究，杰克·曾格和约瑟夫·福克曼创建了 6 个等级的倾听等级，这些等级是建立在又一个层次之上的（曾格和福克曼，2016）。

第一级：你创造了一个可以讨论任何事物的安全环境。

第二级：你把手机和笔记本电脑等分散注意力的东西放在一边，然后和对方进行适当的眼神交流。

第三级：你要试着理解对方说话的重点。这意味着你可以确定关键的观点，也可以通过提问来分辨观点或问题，还可以重申这些事情来确保你正确理解了所有的事情。

第四级：注意非语言线索，如身体语言、面部表情或语调。在他们的文章中，曾格和福克曼写道，我们之间大约 80% 的交流都来自这些信号，这意味着你不仅需要用耳朵听，还需要用眼睛去"听"。

第五级：你理解他人的情绪和感受，并承认它们。这就是同理心发挥作用的地方。

第六级：你提出一些好问题，旨在让对方看到一个新的视角或挑战他们可能有的假设。不过，有一点很重要，那就是作为听众，你不能占用整个对话。

作为一名领导者，你应该经历这 6 个层次，并尽可能多多练习。在与他人会面和交流之后，您可以快速浏览此列表，看看是否已将所有内容纳入其中。如果没有，问问你自己遗漏了哪些，为什么遗漏，以及你如何在未来将这些遗漏的部分补充进去。

当然，掌握倾听只是等式的一边，等式的另一边则是交流。大卫·纳尔姆斯（David Nelms）是发现金融服务的前任总裁，在 2019 年退休之前，他在公司的 20 年里担任了不同的职位。以下是大卫的话：

一个不适应新的沟通方式的领导者永远不会使人信服。我们不再像过去那样获取和分享信息。了解我们沟通的各种工具以及如何通过不同渠道来沟通是很重要的，而且随着沟通方式增多，这项技能将变得越来越有用。

大卫还是总裁的时候，他和他的团队一直保持着沟通。大卫会通过直播为 1.7 万名员工定期主持问答大会和年度路演大会。他还会定期写博客，员工可以在博客上就各种话题进行公开对话。而且，大卫也会在员工聚会上与团队成员直接交谈，这种情况很常见。他甚至主持了每月一次的客户倾听会议，他和团队中的其他人会接听服务电话，然后制定解决所有问题的行动计划。大卫的领导风格在很大程度上建立在不断沟通的基础上，这也帮助他在担任总裁期间取得了巨大的成功。

适应沟通的新方式也意味着你不能遗忘旧的沟通方式。拿亚马逊公司举例，亚马逊公司没有用幻灯片做展示的企业文化。相反，亚马逊要求团队里那些想要展示或共享什么的成员制作一份 6 页文件来清楚地阐明他们的观点及其优点和缺点，分享任何支持他们观点的材料，并提供概述。在他们的所有会议中，前 30 分钟只是一起阅读这份文件。亚马逊公司发现，这可以形成一种一致性，确保每个人都能获取到相同的信息，实际运用这些信息，并且让文档的作者知道每个人都在阅读他们的想法，这能使作者感觉良好。换句话说，如果你在亚马逊工作，你的书面沟通技能最好是一流的，可不能只会发表情符号和短信。

蒂埃里·布雷顿（Thierry Breton）是法国信息技术服务公司源讯的总裁，这个公司拥有 12 万名员工。布雷顿想要全面禁止邮件沟通，以内部协作工具来代替，这就意味着员工需要熟练使用这种方式来工作、沟通、合作。Twitter 和 Square 的总裁杰克·多尔西（Jack Dorsey）有一个独特的政策：如果有两个人或两个以上人开会，其中一人必须做笔记，并与 Square 所有对此感兴趣的员工分享。Square 的员工必须擅长协作或总结会议要点，这样一来，即使有人没能参会也跟得上进度。

作为领导者，在和他人沟通的时候，你可以问问自己如下这些问题：

■　传播信息的最佳渠道是什么？

■　你的沟通方式会给周围的人带来怎样的感受？

■　你是否在以一种清晰、开放、热情和谦逊的方式交流？你的沟通方式是否人性化？

■　如果有人用你和别人交流的方式和你沟通，这会有什么影响？

倾听和沟通是永恒的领导技能。随着听力和交际的方法和渠道的不断发展，翻译者不仅要知道如何练习，而且还要适应它们。

第 20 章

教练技能

"巫师韦斯特伍德"被认为是世界上最伟大的教练之一。当然，我指的是约翰·伍德（John Wooden），他是加州大学洛杉矶分校的知名篮球教练，在过去 12 年中，他带领球队赢得了 10 次 NCAA（美国全国大学体育协会）锦标赛，其中包括连续 7 届冠军，这闻所未闻。约翰 1910 年 10 月 14 日出生于印第安纳州，一家人住在一个没有水和电的农场里。

高中毕业之后，约翰去了普渡大学（Purdue University），他在那里学习英语，篮球事业也很成功。约翰·伍德被评为全美十大最佳球员和全美中西部最佳球员。毕业后，他还被波士顿凯尔特人队的职业球队录用，但约翰拒绝了，以便自己可以开始教书生涯，并与他一生中的挚爱内莉结婚（关于他的婚事则是另一个引人入胜的故事）。妻子去世后，他依旧在每个月的 21 号给她写情书。他在每封信的结尾都诉说着他有多想念她，他有多么希望能再次和她在一起。

大学毕业后，约翰成为职业球员，他在印第安纳波利斯考茨基队（即后来的印第安纳波利斯喷气机队）打了一段时间球。第二次世界大战期间，约翰在海军和陆军都待了一段时间。他还做过几份教练工作，其中包括担任代顿高中和南本德中心高中的教练。最终，他在印第安纳州立大学找到了一份教练的工作，在那里，约翰赢得印第安纳大学校际联盟（Indiana Intercollegiate Conference）冠军后，他的声誉真正开始增长。在 1948—1949 赛季，约翰被聘为加州大学洛杉矶分校历史上的第四任篮球教练，他继续在那里创造历史。当约翰退休时，他在加州大学洛杉矶分校执教的纪录是 620 胜147 负。

约翰于 2010 年 6 月 4 日去世，享年 99 岁。他不只是一个伟大的教练，还是一位伟大的领导者。

未来的领导者一定是优秀的教练。这也就是说，你知道如何激励、鼓励和吸引他人。你可以创造出其他领导者，你能跨越时代和文化去工作，也能凝聚一个具有影响力的团队。

最近的一项研究调查了 1884 名领导者，他们都是同一家大型能源公司的。这些领导者让他们的老板、同事、直接下属和其他员工评估他们的指导技能。他们发现，领导者的指导效率与团队的生产力之间存在直接关联，特别是优秀的教练愿意付出比其他人多三倍的努力。不仅如此，在指导效率方面处于百分位排名第 90 位的领导者，其员工承诺得分也处于第 88 位。同样的，接近垫底的排名后 10% 的领导者，其员工的投入度也处于末尾 15% 范围内（福克曼，2015）。

"我把领导者看作一个教练，一个指挥家，一个协调众人工作的角色。谁要是认为领导工作是一场独角戏，那就大错特错了。"这是我从意大利电信公司（Telecom Italia）的总裁路易吉·古比托西（Luigi Gubitosi）那里听到的，这家意大利电信公司在全球拥有 6 万多名员工。

许多人认为，培训只适用于组织内部入门级或中层的员工。然而，令我惊讶的是，有很多总裁告诉我，他们积极地与教练进行方方面面的合作，从情商到领导力建议，再到一般的商业指导。有了教练的指导，我们每个人的状态都会更好。虽然我已经下了很多年的国际象棋，但是直到最近开始和教练一起学习，我的成绩才迅速提高。没有多少伟大的运动员或商业领袖能在没有教练和指导的情况下取得今天的成就。

大卫·巴亚达是巴亚达家庭医疗保健公司的总裁，这个公司拥有将近 3万名员工。不仅如此，他还在 Glassdoor 上被员工投票选为 2019 年最优秀的总裁之一。在与大卫交谈之后，我知道了他入选的原因，也并不感到惊讶。因为大卫将教练技能牢记于心，让他的全体员工互相指导和支持。在我们的采访中，大卫告诉我：

知人善用，并积极指导和支持他们取得成功，积极地指导和支持他们的才能，是我每天都在努力的事情。为了激励员工互相指导，我们创建了一个新的仪式，叫作每周关键行动。每周四 8:30 —8:45，我们公司分布全国各地的员工都会各自聚集在一起，简短地讨论构成我们以核心价值观为基础的理念——巴亚达工作方式（Bayada Way）中的十五项之一。这是一个简单而成功的例行公事，但当每个员工都在思考我们潜在的文化相同面并分享实例、以该价值观为基础互相指导以及践行"好的样子"时，就会产生一种与工作和员工彼此之间的联系感，并强化我们所做工作的目的。

早些时候我们在书中见过的意大利能源公司埃奈尔（Enel），这个公司正在将培训作为领导力战略的核心部分。像许多组织一样，埃奈尔公司意识到从命令和控制转向注重开放的领导方式是很重要的，这种领导方式面向领导者和他们所指导的人，促进他们的共同成长。2017 年，埃奈尔公司启动了一个名为"从领导到教练"的项目，这个项目由来自世界各地的 1300 多名经理和 7000 多名人力资源主管参与。

从那以后，埃奈尔公司就尽可能地在公司内部培养正规教练，并进一步拓展该项目。这些人会参加密集训练，并且担任训练方面的专家。如今，他们在意大利、西班牙和罗马尼亚有 100 多家这样的公司，还有几家正在筹备中。他们还推出了 I-coach，这是一系列的培训发展课程，让员工能够运用培训方法，成为更好的培训师。这些课程允许员工获得虚拟的培训材料、课程和其他教练。埃奈尔的总体愿景是对所有员工进行指导方法的培训，这样无论他们的角色或资历如何，他们都能找到可以指导他们的人。迄今为止，这个项目已经进行了 15 轮，有 500 多名员工参与其中。埃奈尔的宏图大志是将这一理念扩展到所有员工，不论他们的角色或资历如何，这被认为是一种增强员工潜力的方式，帮助员工了解他们可以成为什么样的人，而不是他们本身是怎样的人。

激励、吸引与启发员工

优秀的领导者不会只告诉员工该做什么，而是让他们自发地去做，真正想要去做。"集结队伍"可以说是未来领导者（当然也是现任领导者）的一项关键技能。这或许也是最难掌握的一项技能。激励、吸引和启发是相互关联的，但它们绝对不是同一件事。激励意味着你能够让某人以某种方式行动或表现，通常是通过提供激励，这通常被称为"推动力"。吸引意味着你可以保持某人的注意力并使其付出努力，我喜欢把这看作"维持力"。最后，启发意味着能使某人迫切希望或有能力做成某事，并让他们有一种积极向上的感觉。这通常被称为"拉动力"或"拉力"。（见图 20.1）。

推动力　　　　　维持力　　　　　拉力
激励　　　　　　吸引　　　　　　启发

图 20.1　领导者释放员工潜能的 3 种方式

简而言之，以上是领导者的三大法宝。作为领导者，你要有能力为员工指明方向，并使他们集中注意力，主动地往那个方向前进。单独来看，这些技能仍然是需要具备的重要技能，但综合起来，它们将使你拥有势不可挡的领导力量。

激励

如果你不了解他们关心和看重什么，就无法激励他人，也不是所有人都关心和看重同样的东西。你公司中的一些员工可能纯粹是为了钱而工作，这不要紧。事实上，这通常是销售人员的典型表现，他们可能更有竞争力，并被更高的奖金或薪水的欲望所激励。其他员工可能更容易受到表扬或认可的激励。这些员工不希望得到更多的奖金，他们只是想知道，你作为领导者，是否知道他们为某项工作付出了多少。这可能意味着你需要在全体会议上感谢他们，带他们出去吃午餐，或者只是在他们的办公桌前停下，让他们知道你有多欣赏他们的工作。也许其他员工的"动力"更多的是害怕、压力和严苛的截止期限。但有些员工真的能在这种压力下茁壮成长；他们需要使肾上腺素达到最佳水平。

作为领导者，有许多方式可以激发员工动力，你工作的一部分，就是了解这些方式是什么。事实上，南加州大学（University of Southern California）心理学和技术荣誉退休教授理查德·E. 克拉克（Richard E. Clark）和陈·扎克伯格计划（Chan Zuckerberg Initiative）的学习科学副总裁布罗·萨克斯伯格（Bror Saxberg）最近开展的一项研究发现，这是领导者最常掉进的陷阱之一——领导者认为激励自己的东西也会激励他人，但事实并非如此（Clark，2019）。盖洛普（Gallup）的研究发现，只有 20% 的员工强烈认同"他所在公司的绩效管理方式能够激励他们出色地完成工作"（维格尔，2017）。显然，这里有很大的提升空间。毫无疑问，这不是人工智能能够为你做的事情。不仅仅是作为员工，也不是作为个体，了解你所领导和服务的人是人类职责所在。想想你是如何在第一次约会或遇见新朋友时认识一个人的。同样的方法也适用于此。

吸引

几十年来，世界各国的领导者一直在花大力气提升员工敬业度，但总体情况仍然很糟糕。根据盖洛普（Gallup）的最新研究，全球 85% 的劳动力要么不是全身心投入工作，要么对工作毫不在意，这一情况造成每年高达 7 万亿多美元的生产力损失（Harter，2017）。你可能会认为，如果我们总体花费那么多的时间和精力在提升员工的敬业度上，这些数字会有所改善，但事实并非如此。那么到底发生了什么？有句格言说，精神错乱就是一次又一次地做同一件事，却期望得到不同的结果。一直致力于提升员工敬业度的领导人都疯了吗？这似乎不太可能，但却存在一定合理性。

在我的上一本书《员工体验优势》（The Employee Experience Advantage）中，我研究了全球 252 家企业，以了解世界上最优秀的企业如何创造出一支高度敬业的员工队伍。事实证明，结果就是敬业度，但敬业度的来源是员工的工作体验。我们之前只是在关注和衡量错误的东西。员工体验是领导者可以控制的三种环境的组合：

■ 技术，占员工总体体验的 30%，包括员工完成工作所使用的工具、软件、设备、硬件和应用程序。

■ 物理空间，也占整体体验的 30%，指员工工作的环境和空间。

■ 文化，占员工总体体验的 40%，更多的是员工为你和公司工作的真实感受。

根据我的研究，掌握这一点的公司盈利能力、生产效率和整体成功率都要比其他的公司高出 4 倍以上（对于想要了解更多这方面知识的领导者来说，我的书是关于员工体验的深度指南）。根据盖洛普（Gallup）的调查，造成员工敬业度差异的因素中，管理者因素占了 70%（贝克和哈特，2015）。正如我之前所写的，世界上几乎所有的员工都没有全身心地投入工作中。

启发

怎样才能助推员工心中已燃烧的火焰，让他们真正想要做些事情，不是因为受到激励，而是出于他们自己的渴望？哈佛商学院（Harvard Business School）最近收集了 5 万名领导者的数据，发现激励能力是最重要的能力之一，这种能力将优秀的领导者与其他领导者区分开。启发性是员工最想从领导者身上得到的东西，它能激起员工最高的参与度。最近，IBM 对 64 个国家的 1700 名总裁开展了调查。IBM 发现，最重要的领导特质之一就是启发能力（莱文，2017）。在我就职的第一家公司的总裁让我帮他买咖啡的时候，我并没有受到启发。

多年来，曾格·福克曼公司（Zenger Folkman）收集和调查了世界各地成千上万领导人的数据。为了解启发型领导者会做什么，他们研究了其数据库中在"启发和激励员工做出优秀表现"这一能力选项中得分最高的 1000 名领导者。他们的研究揭示了一些有趣的现象。启发型领导者所做的是把有形和无形的事情结合起来。有形的事情包括与他人进行密切合作，鼓励创新思维，把时间用来培养员工。无形的事情包括与团队成员建立情感联系，做出变革，并有效沟通。这些都是本书中讨论的概念和想法。我们都听过"少即是多"这句话，但是曾格和福克曼所做的研究表明，要想成为一名启发型领导者，结论恰恰相反——"多即是多"（曾格和福克曼，2015）。

贝恩公司（Bain & Company）对自己的 2000 名员工进行了调查，调查结果显示，有 33 个要素在启发能力方面尤为重要。其中包括本书中提及的几点，比如同理心、谦和力、倾听和自我意识。但贝恩公司发现最重要的属性是"中心意识"，他们将其定义为一种更强的专注状态，并能让你全身心投入（华威驰和卡拉汉，2016）。"中心意识"有助于移情他人、处理压力和保持冷静。难怪世界各地的公司及组织都在大力投资"正念项目"（正念指的是一种精神状态，将意识集中于当前，同时平静地承认和接受自己的感情、思绪和身体感觉，用作一种治疗方法），让各级领导和员工能够更好地控制自己的情绪，同时专注于表达他们作为个体在身心方面的需要。根据贝恩公司的研究，那些"受激励"员工的工作效率是那些仅"受启发"的员工的两倍多。

佩德罗·帕伦特（Padro Parente）是 BRF 食品加工公司的董事会主席和前任总裁，该食品公司在全球拥有超过 9 万名员工。在我们的讨论中，他说：

如果你想让公司表现得更为出色，走得更远，那么你必须通过成为一个启发型领导者来实现这一点。不久前，企业可以通过强加观点和标准，利用自上而下地指挥系统工作来实现业绩和创造价值。但现实发生了翻天覆地的变化，如今擅于变革，能快速适应、并建立基于价值观的企业文化的那些企业才能取得长久的成功。企业中领导者最重要的职责之一就是将这些价值观传达给公司的不同利益相关者，并让他们认同基于价值观的企业文化。我相信，只有保持企业透明、真实和拥有正确的价值观，才能做到这一点。直接告诉员工该做什么或怎样做是最好的方式已经不起作用了。作为领导者，我们必须通过价值观来引导，让人们愿意成为我们组织的一份子，不论他们是雇主、客户还是其他股东。以上就是我认为一个启发型领导者应该追求的目标。

好消息是，通过学习本书中提及的技能和思维方式，你将自然而然地成为一个启发型领导者。

造就未来的领导者

　　大多数人们认为，领导者只是创造了更多的追随者，但实际上，作为一个领导者，他们能够做的最重要的一点就是创造了其他领导者。我一直都在说，领导者在工作时应该相信，他们工作的一部分就是帮助别人比自己更成功。这个信念将指导你的行动和你的表现。西德尼·芬克尔斯坦（Sudney Finkelstein）花了 10 年时间，对 200 多个人进行了采访，找出了打造"超级老板"的秘诀。他采访了许多领导，比如足球教练比尔·沃尔什（Bill Walsh）、技术高级管理者拉里·埃里森（Larry Ellison）、大厨兼餐馆老板爱丽丝·沃特斯（Alice Waters）、电视制片人罗恩·迈克尔斯（Lorne Michaels）以及时装设计师拉尔夫·劳伦（Ralph Lauren）。西德尼注意到一些奇怪的事情。当他观察任何一个行业最杰出的 10 名员工时，发现这些人中超过半数都曾经为同一位领导者工作过。换句话说，这些领导者真正伟大的原因之一就是他们成就了其他的领导者。

　　教学是成就其他领导者的有效方法，但它不仅仅局限于与工作相关的主题和活动。实际上，让伍登教练如此伟大的原因之一是他专注于过程，很少谈论胜利。伍登希望他的球员们塑造个性，最重要的是成为优秀的人，这反过来会使他们成为伟大的篮球运动员。约翰会说，"比起名誉，你该更关心你的性格，因为你的性格才是真正的你，而名誉只是别人对你的看法"（伍登，n.d.）。

　　约翰提出了"成功金字塔"的理念，其中包括 15 个模块，例如技能、自信、主动性、友情、热情和忠诚。约翰将这 15 个模块教给了他的球员们，帮助球员们取得成功。

　　理查德·艾利森（Richard Allison）是达美乐公司（Domino's）的总裁，这家比萨连锁餐厅在全球拥有逾 40 万的特许经营企业团队成员。在讨论中，艾利森明确指出了我们今天在商业中看到的一个非常明显且将持续增长的变化："我们必须确保为员工创造了一条令人信服的机会之路，随着时间的推移，确保我们对他们的成长和发展进行投资。以前，我们认为员工很忠诚。现在，我们不得不赢得他们的忠诚。还有什么比专注于将员工培养成新的领导者这一方式能更好地赢得这种忠诚呢？"

本书先前引用的研究表明，世界各地的公司都没有为未来做好准备的领导者，他们也没有做些什么来改变这种现状。你认为第一次当管理者的人平均年龄是多少？参加领导力发展项目的人平均年龄是多少？研究结果表明，这些数字分别是 30 岁和 42 岁。例如，美国领导人的平均年龄刚刚超过 45 岁。当我第一次看到这些数字的时候，心想："你在开玩笑吧。""为什么大多数人直到中年才开始参与领导能力发展项目？"近 40% 的经理在 46 岁乃至 60 岁以上的年龄段接受领导能力培训。难怪我们缺少优秀的领导者——我们压根没有创造他们。打个比方，这就像试图训练一个 40 多岁的职业网球或篮球运动员，然而，他们的黄金时期早已过去了。

2016 年，土耳其一家大型工业企业集团 Koç 集团启动了涵盖其 24 家子公司的数字转型项目。该项目的目标是利用我们今天看到的各种发展技术，在数字未来蓬勃发展。莱文特·卡基罗格鲁（Levent Cakıroğlu）是 Koç 集团（Koç Group）的总裁，这家公司在全球拥有近 10 万名员工，他认为，如果没有现在和未来的正确指导，所有的一切都是不可能实现的。正如他告诉我的："我们的人力资源是我们长期转型的核心。""我最大的责任是培养能带领我们团队走向未来的全球领袖。因此，我把员工放在我们数字转型的核心，而不是技术。"

作为这个项目的一部分，Koc 集团为领导者开发了一项个人发展项目（PDP），从个人的发展和在线学习，到野外培训，该项目专注于测试领导力极限和教练能力等方方面面。到目前为止，已经有 200 多位领导完成了这个项目。

贝恩（Bain）管理咨询公司开创了一种独特的方法来培养未来的领导者，这种方法被称之为"老虎团队"。曼尼·马塞达（Manny Maceda）是贝恩公司全球管理合伙人（即总裁）。曼尼为员工提供指导，但很快就意识到，能从他的指导中受益的人比他直接共事的人还要多。因此，贝恩公司成立了一个"热线响应团队"，使员工能够联系曼尼或任何其他合作伙伴，以获得指点、建议和训练。员工可以随心所欲地使用"热线响应团队"，没有任何限制。这种做法不仅保证曼尼成就了其他领导者，也保证贝恩内部其他合作伙伴同样成就了其他领导者。据曼尼所说的：

> 这种鼓舞令人难以置信，因为它使我更接近我们最复杂的客户情况，并帮助我联系后续的合作伙伴。学徒精神是贝恩公司的核心DNA，也是我们的团队认为贝恩是一个良好工作平台的原因。我认为"学徒精神"提高了我们如何同时对更多的客户产生更大影响的门槛。

领导者还必须考虑在他们的公司体制之外培养其他领导者。好事达公司的总裁汤姆·威尔逊（Tom Wilson）认为，当今和未来的企业在社会中扮演 4 种角色：盈利、服务客户、创造就业机会和加强社区联系。因此，领导力至关重要。事实上，对汤姆来说，致力于发展 2030 年的领导者是其个人爱好。好事达在青年赋权方面贡献很大，并通过一个名为"WE Schools"的项目帮助孩子们做志愿者。无论是在国内还是国际上，初中和高中低年级的孩子们都可以做任何志愿者，比如反霸凌活动、LGBTQ群体志愿活动、为环保活动筹集资金、确保人们在冬天有夹克穿，或者做烤面包义卖。

苏格兰皇家银行在全球拥有近 8 万名员工，他们的首要任务之一就是培养未来的领导人。苏格兰皇家银行的总裁罗斯·麦克尤恩告诉我：

> 我们已经定义了在现今和未来的商业世界中，员工和领导者需要具备的关键能力。我们已经开始针对这些关键的人才能力培养领导者和同事，并开始根据这些能力进行招聘。我们已经为我们打算招募的领导者建立了未来的成功档案。我们已经在组织中找到了未来的领导者，他们很多这方面的能力开始崭露头角，我们正在给他们影响战略和思考的机会。与此同时，我们正在引进毕业生、学徒和实习生，并开始做反向指导来分享技能和经验。

在我合作过的公司中，没几个公司会对未来的领导者采取这种结构化和深思熟虑的方式。但罗斯意识到，公司的未来取决于公司现在的行动，以确保未来有合适的人选。

与不同年龄和文化背景的人共事

我们的员工正变得比以往更加多样化，这是一件好事，但同时也给习惯于同质化团队的未来领导者带来了挑战。最近，我与一家在全球拥有数千名员工的航空航天国防公司的领导团队进行了交谈。我谈过话的领导团队成员大约有 250 人。尽管有人提示我说他们的员工同质化，但我并没有意识到他们同质化到了何种程度！当我走上讲台时，环顾四周，除了西装革履的年老白人，什么也没有看到。不仅如此，他们穿的西装和有领衬衫都是由不同深浅的黑色和蓝色组合而成。这就是世界上许多领导团队的样子。发现这一点，我立刻设想出一个还没有"下火车"的组织。为了逗观众开心，演讲结束时我问他们："为什么你们都穿西装？"台下的人像几百只鹿一样齐齐看着我，异口同声："我不知道。"我希望这种领导团队在今后几年里会越来越少。

关于代际和跨文化工作的研究非常广泛，而且很有说服力。任仕达（Randstad）最近进行的一项研究发现，87% 的员工认为，多代际员工可以促进创新和解决问题，90% 的员工更喜欢有不同年龄的同事，并且认为多代际员工的工作环境对每个人都有利（任仕达，2018）。《福布斯》另一项研究发现，不同团队作出和执行的决策，可以使成果提高 60%。同样的研究发现，在 87% 的情况下，年龄跨度大、地理位置不同的团队能作出更好的商业决策（拉森，2017）。波士顿咨询集团也对此做了一些研究，发现管理团队多样性高于平均水平的公司的创新收入，比管理多样性低于平均水平的公司高出 19%（Lorenzoetal，2018）。最后，麦肯锡在其研究中发现，在高级管理者团队中，种族和文化多样性排名前 1/4 的组织，拥有行业领先盈利能力的可能性要比其余的团队高出高出 33%（麦肯锡，2018 年）。能够跨代和跨文化工作不仅是一件好事，也是决定你作为一名领导者成败的关键因素之一。

塞巴斯蒂安·巴赞（Sebastien Bazin）是雅高酒店集团（Accor Hotels）的总裁，该集团在全球拥有近 30 万名员工。他认为这一点至关重要：

　　未来领导者的一个标志是能够与不同年龄、不同背景的人一起工作。例如，千禧一代从近 10 年前开始进入职场以来，就一直在改变职场。千禧一代渴望自主性和灵活性，在新概念、新技术等方面，他们往往更加自信，适应能力更强。但是他们的老一辈同事也有很多东西可以教给这些新员工——关于行业 / 公司的知识，人际交往技巧，以及如何应对失败。作为一个未来的领导者，你必须能够与人共事，无论他们多大年纪，来自哪里，信仰什么，是什么性别。

　　正如我在书中早些时候提到的，麦肯锡预测，未来 10 年，全球劳动力将达到 35 亿人。许多人认为，与今天一样，未来也会出现技术工人大量短缺的情况，这意味着领导者必须预见到要领导一支非常有活力的劳动力队伍，特别是在我们变得更加全球化和技术联系更加紧密的情况下。如今，大多数组织都由五代甚至六代员工组成。推动员工在身体和认知上更加多样化，这也迫使领导者重新思考团队的面貌和运作方式。这与接受先前探讨的世界公民的心态是并行不悖的。

　　无论我们看的是文化、年龄、背景、宗教还是其他任何东西，我们都倾向于关注让我们与众不同的东西，而不是让我们看似雷同的东西。在我们的脑海中有各种刻板印象和偏见，我们需要学会如何消除它们。比如，所有新员工都很聪明却很懒惰，而所有老员工在技术方面不称职，他们在工作实践中已经落后了，对吗？你很快就能看到那个会把你送下去的“兔子洞”，它深不见底。

　　领导者必须能够适应与各方面都和自己不同的人共事。

　　在麻省理工学院一项针对 MBA 学生和外国人的研究中，研究人员发现，回国后经常与在美国结识的朋友保持联系的专业人士往往更具有创新精神和创业精神。研究人员还发现，文化学习需要在更深层次上进行，而不是只流于表面（热力汗，2018）。

作为一名优秀的教练，你的工作是理解（并让他人理解）你和你的团队之间的相似点和共同点，同时也要能够让你的团队成员做到这一点。不要畏惧差异，要尊重差异。肯特·西里（我们之前在达维塔那里见过）说：

想要成为一名有效率的领导者，了解团队伙伴，并把他们的希望、恐惧以及偏好联系起来是很重要的，而不是考虑他们的年龄、种族或背景。我们希望所有的队员都把他们的工作场所看作"我的归属地"。因此，领导者必须通过承认我们的相似之处多于我们的不同之处，并赞美每个人的真实面貌，来证明他们营造了一种有归属感的环境。

组建高效的团队

什么是团队？通常的理解是，这是两个或两个以上的人一起工作来完成某件事，或者人们以某种方式联系在一起。但是怎样才能组成一个有效率的团队呢？在《成功》杂志的一篇文章中，领导力专家约翰·马克斯韦尔探索了伍登团队获胜的原因。他谈到伍登教练最大的优势之一是挑选球员，然后激励这些球员发挥他们的全部潜力。并不是伍登教练训练的球员本身都很了不起，事实上，他招纳了很多水平普通的球员。但是，约翰·马克斯韦尔说，伍登知道这些球员在球场上的什么地方打出了最好的成绩，然后设计出能让他们进入那个位置的战术。换句话说，他会专注于他们的优势，并创造能够让这些优势发挥作用的环境（马克斯韦尔，2017）

并非所有的团队都是平等的，要想在一家公司工作的方法在另一家公司也同样有效，这是很难的。迪士尼公司在欧洲开业时就是这样做的，结果导致了大量的员工流失。不久前，谷歌进行了一项名为"亚里士多德计划"的内部研究，这项研究旨在找出使一些内部团队比其他团队更有效率的因素。谷歌发现，由谁组成这个团队并不重要，重要的是这个团队合作得如何。在谷歌，决定团队效率的首要因素是心理安全，这也就说明提高团队效率需要团队成员信任他们周围的人。其他 4 个因素是可靠性、结构、清晰度、意义和影响（巴里索夫，2018）。这个方法对谷歌很管用，而在你的公司也可能有用，但也可能没什么用。

例如，亚马逊网站有着著名的"两个比萨"法则：如果一个团队不能用两个比萨喂饱，那么这个团队就太大了。我访问西雅图总部时了解到，他们还有一种被称为"单线程领导"（single-threaded leader）的方法。在那里，任何重大决策或项目都会分配给一个单独的领导，这个领导除了吃饭、睡觉、呼吸，就是作决策或是做项目，其他的什么都不做。通常，组织中的领导者负责许多项目和许多重大决策。亚马逊公司发现，单一的关注点能使团队和决策更有效率。

在 21 世纪初，为什么苹果只花了 600 名工程师不到两年的时间来开发、调试和配置 iOS10，而微软却花了 1 万多名工程师和几年的时间来开发、部署和撤回 Vista 呢？这些团队以不同的方式组成。苹果的这支球队由全明星队员组成，作为一个团队，他们得到了回报。微软当时使用的是堆栈排名（后来停止使用），每个团队中只有 20% 的人属于"卓越"类别，而团队表现完全是基于你作为个体的表现（Vozza，2017）。显然，创建高效的团队会带来巨大的不同，但重要的不仅仅是团队中的人。

J. 理查德·哈克曼（J. Richard Hackman）于 2013 年去世，他是哈佛大学（Harvard University）的社会与组织心理学教授，也是全球团队领袖之一，他从 20 世纪 70 年代就开始研究这个问题。哈克曼发现团队要想成功所需要的是"有利条件"（哈克曼，2004）。我们总是认为一个团队的成败取决于领导者，有时可能的确如此，但如果有更多的事情要做呢？影响团队的不仅仅是领导者，还有影响领导者的团队动力。如果你接管了一个不愿意合作的团队，团队成员似乎不太能胜任他们的工作，那么你的领导风格可能会更多地采用等级制，命令和控制，项目和任务导向，行事直接，似乎不那么人性化。相反，如果你的团队成员彼此坦诚，工作出色，善于沟通和合作，那么你的领导风格可能是民主、开放、透明，也更人性化。哈克曼说，换句话说，这不是我们许多人所认为的单行道。这就是为什么他主张"条件"而不是"原因"这一概念。根据他的研究，有 5 个因素：一个真正的团队，一个引人注目的方向，一个使人能够胜任的结构，足以支撑他的内容和有能力的教练。

沃顿商学院（Wharton）的玛蒂娜•哈斯（Martine Haas）和欧洲工商管理学院（INSEAD）的马克•莫滕森（Mark Mortensen）最近的研究发现，另一项条件也至关重要，那就是"共同思维"。正如上文所述，这是因为团队正变得更有动力、多样化也更分散，这意味着转向"我们 VS. 他们"的心态是很有吸引力的，而确保团队信息完整也是至关重要的。共同的思维方式可以解决这两个问题（Haas，2016）。让我们简单浏览这 6 个条件：

- 真正的团队：拥有清晰的边界，成员之间相互依赖，成员之间至少有一定的稳定性。

- 引人注目的方向：拥有一个具有挑战性和结果性的明确目标，关注要达到的目标，而不仅仅是追求目标的手段。

- 支持型结构：一种能够促进团队合作，而不是阻碍团队合作的结构。

- 支持型环境：提供一些资源，如培训、奖励和获取信息，使团队成员高效率工作。

- 有能力的教练：能够提供指导、建议，克服障碍、挑战和问题，提供帮助的人。

- 共同思维：创造一个共同的理解和认知，例如关注员工相似点而非不同点。

我有一个 3 岁的女儿，所有父母都知道，抚养孩子不仅仅是喂饱他们，带他们去学校，给他们买玩具，给他们换尿布，哄他们睡觉。你还必须创造一个环境，这个环境可以让你的孩子学习、成长、发展、表达自我和体验新事物。对于未来的领导者来说，这些有利条件与我们所熟知的战术应用一样重要，甚至更为重要。伍登教练明确这一点，这就是为什么他专注于创造那些使其球员成功的条件。伍登总是说要 10 只手才能投进一个球！

米歇尔•康姆斯（Michel Combes）是电信公司 Sprint 的总裁，这家公司拥有近 3 万名员工。在我们的讨论中，米歇尔很好地总结了教练的技能："我看到了自己作为教练的角色。一方面，我需要创造一个愿景；另一方面，我需要让员工能够实现这个愿景，让他们对自己的能力感到满意的同时，还要确保我始终将他们的能力发挥到极致。"

当谈到创建有效的团队时，没有什么可以采取的好方法。关于团队合作的研究、书籍和报告数不胜数。作为领导者，你不仅要知道自己要做什么，还要知道你为团队成功创造什么条件。

领导者如何培养教练技能

成为一名优秀教练的核心就是要相信你的工作和特权就是帮助别人取得成功。这与简单地帮助他人取得成功有很大区别，因为这改变了你投入的努力。大多数领导者通常会付出相对较少的努力来帮助一个人成长、学习或变得更成功。但是，让别人超越你更有挑战性，也需要更多的时间和资源。你愿意做这件事吗？

成为一名优秀的教练需要具备与你共事的人建立联系的能力，真正理解他们是作为一个人而不仅仅是员工。试着问自己几个关于同事的基本问题：

- 什么最让他们兴奋？
- 什么让他们最紧张或最疲惫？
- 他们最热衷的是什么？
- 他们的优点和缺点是什么？
- 他们工作之外的爱好或兴趣是什么？
- 他们有家庭吗？如果有，你了解什么吗？
- 他们的专业和个人目标是什么？
- 他们是如何看待你这个领导的？

当然，这里的问题还有很多，但关键不在于简单地列出一个清单或调查表，然后让员工回答。你需要花时间和精力去了解你的员工，就像你了解潜在的新朋友或其他重要的人一样。

本书中列出的许多技能和思维模式都是相辅相成的。你会注意到，当你采纳前面提到的思维模式时，这样做也会让你成为一个更好的教练。

The Technology
Teenager

第 21 章

科技青年技能

　　每当父母不能理解某种技术时，他们首先求助的通常是十几岁的孩子（如果他们育有子女）。原因是什么？并非因为青少年是技术专家，他们也不了解每一件技术的工作原理和创造过程，而是因为青少年只是精通技术、能够熟练运用技术。换句话说，青少年了解技术，但他们不需要成为技术专家。未来的领导人也必须如此。

　　迈克尔·蒂普索德（Michael Tipsord）是州立农业保险公司的总裁，这是一家保险和金融服务公司，拥有超过 9 万名员工和独立的承包商代理。1988 年，迈克尔·蒂普索德在那里开始了他的职业生涯。在我们的采访中，他强调教授实用技术的重要性："未来的领导者需要熟练掌握技术，让他们能够预测机遇和危机，领导者应该区分什么是炒作、什么可信，并接受变革的可能性。"

了解技术对于企业的影响力

　　技术对我们的生活、公司 / 企业乃至世界都产生了巨大的影响。我们大多数人很少想到这一点，因为科技已经无处不在，我们认为这是理所当然的。但是从你醒来的那一刻到你上床睡觉前，你的生活是由科技驱动的。无论是你在早上听新闻时使用的智能助理，你上班时开的车子，你用来查看邮件的笔记本电脑或是手机，你旅行时坐的飞机，或者是你想放松时打开的电视，科技就像空气一样无处不在。当然，科技可以指很多不同的东西：人工智能、机器学习、硬件和软件、区块链、扩增实景和虚拟现实、3D 打印、机器人技术、量子计算，以及任何介于二者之间的东西。据估计，到 2030 年，平均每人将拥有 9.27 台联网设备（Safaei，2017）。

日本最近任命 68 岁的樱田吉孝（Yoshitaka Sakurada）为新的网络安全和奥运大臣（负责 2020 年奥运会）。在近期的一次采访中，樱田吉孝说："我从 25 岁起就开始独立工作，并且总是指导我的员工和秘书去做这类事情。我从来没用过电脑！"未来的领导者无法避开科技，尤其是当一个组织的运营方方面面依赖于科技，并受其驱动（《爱尔兰时报》，2018 年）。

罗伯特·特科沃斯基（Robert Dutkowsky）是美国技术数据公司的前任总裁和现任执行主席，这是一家拥有 1.4 万多名员工的信息技术和服务公司。他说得简洁明了："一个组织的领导者必须掌握技术，因为现在世界上几乎每个公司都是技术公司。"

领导者不需要了解如何部署技术的细节，但他们需要了解一项特定的技术可能对业务产生的影响。领导者需要进行对话，也应该能够回答此类问题：

- 总体技术环境是什么样的？现在有哪些新兴技术？
- 哪些技术将会影响你的行业？
- 你的企业如何利用各种技术来提升客户满意度、员工体验或生产力？
- 如果企业不投资技术，会发生什么？
- 你的客户和员工如何应用各种技术？

领导者如何练就科技青年技能

如果你观察十几岁甚至是几岁的孩子是如何学习如何使用技术的，你会发现他们很少阅读说明书。他们只是拿起或下载任意科技产品，然后开始摆弄。领导者必须也这样做。几年前，如果你想学习一项新技术，你就必须报名学习一门课程，通读整本说明书，或者按照 CDROM 上的指示去学习任何你想学习的设备。而今天的计算机甚至不再有 CDROM 驱动器！如今，我们可以在任何时间、在任何设备上通过 YouTube 等平台学习任何我们想学习的东西，在 YouTube 上你可以找到任何你需要或想要的技术教程以及概述。甚至像 TED 这样的网站也有学习新技术概念和想法的好资源。领导者必须利用这些优势。

许多新技术源源不断地涌现，当你刚弄清楚如何使用其中一种时，另一种就出现了，那么你到底该如何跟上世界的步伐呢？我们都习惯了这样的想法，即新产品问世后，在更新的"玩具"出现之前，我们有一些时间来玩玩眼下这个闪闪发光的"玩具"。不幸的是，那个世界已经不复存在。今天，你和你的企业就像闪亮的玩具一样在人群中被扔来扔去。不要想着："我怎样才能跟上进度？"你必须将思维方式转变为"这是新常态"。谈到技术，这就是商业领袖们给我分享的最佳建议。你不能控制技术的发展速度，但你可以控制自己的心态和反应。

通过对技术前景的全面了解，你应该能够确定哪些工具可能对业务产生最大的影响，哪些工具还可以等等再使用。

还有一个练习成为科技少年的实用技巧就是让更懂技术的人围绕在你周围。企业领导者通常由更年轻、更精通科技的员工指导，这种情况很常见。

第 22 章
五大技能的践行

教练技能、翻译者技能、未来主义者技能、科技青年技能和尤达技能：要想在未来 10 年乃至更久的时间里取得成功，这些都是未来的领导者必备的重要技能。结合前面探讨的思维模式，掌握这些技能将使你拥有势不可挡的、无价的领导力量。然而，必须记住，你的责任是确保你周围的人也掌握这些技能。

让我们放眼全球，看看我们是如何实践这些技能的。这些数字与我们之前在思维部分看到的相当一致。总的来说，受访者认为他们把这些技能练习得很好，而当问及他们的经理和高级管理者时，这一数字则大幅下降：57%的经理和 58% 的高级管理者分别属于最差的两类。据说，只有 8% 的经理和高级管理者将本书中提到的技能练习得"非常好"（见图 22.1）。

从这个高层次的角度来看，我们现在可以通过普通员工（ICs）、经理和高级管理者来分析，看看差距在哪以及有多大的差距。普通员工将 60%的经理和 62% 的高级管理者排在"一般"和"一点也不好"这最后两类。管理人员中也有 60% 的高级管理者处于"比较好"和"很不好"这两个类别的末尾。这些巨大的差距再次体现在所有高级管理者身上（见图 22.2）。

	你认为你对这些技术掌握得如何	你认为你的经理对这些技术掌握得如何	你认为你的高级管理者对这些技术掌握得如何
一点也不好	2%	17%	20%
一般	28%	40%	38%
比较好	48%	29%	29%
非常好	20%	8%	8%

图 22.1 企业领导者践行五大技能的情况

	你认为你的经理对这些技术掌握得如何（普通员工的回答）	你认为你对这些技术掌握得如何（经理的回答）	普通员工和经理的回答差距	你认为高级管理者对这些技术掌握得如何?（普通员工的回答）	你认为你对这些技术掌握得如何（高级管理者的回答）	普通员工和高级管理者之间的回答差距	你认为你的高级管理人员对这些技术掌握得如何（经理的回答）	经理和高级管理者之间的回答差距
一点也不好	20%	2%	18%	23%	1%	22%	20%	19%
一般	40%	29%	11%	39%	25%	14%	40%	15%
比较好	29%	49%	20%	28%	50%	22%	30%	20%
非常好	10%	19%	9%	9%	23%	14%	8%	14%

图 22.2 不同级别员工对五大技能的践行情况比较

再次警惕职位差距带来的认知差异

当我们看所有关于技能的数据时，我们看到了和前面"心态"章节一样的桥段。领导者（经理和高级管理者）认为他们在练习这些技能方面做得比实际情况好得多。无论是从整体，还是从个体的角度看，都是如此。管理人员和高级管理者自己练习这些技能的方式与其他人认为的完全不一致。

数据显示，对于所有的领导者来说，他们的总体得分都很低，但普通员工表示，他们的管理者最难练习的技能是"尤达（Yoda）：情商"。他们认为其经理做得最好的技能是"翻译者：倾听和交流"。当谈到高级管理者时，他们最擅长的技能（根据普通员工和管理者的说法）是"未来主义者"，最难掌握的技能是"尤达"。

全球形势

在实践这些集体技能方面，哪些国家做得最好，哪些国家做得最差？我再次看了看最上面的两类"比较好"和"非常好"，以及最下面的两类"一般"和"一点也不好"。在图 22.3 和图 22.4 中，你可以看到不同国家对 3 个问题的回答，这 3 个问题分别是："你认为这些技能你掌握得如何""你认为你的经理这些技能掌握得怎么样"以及"你认为你的高级管理者们这些技能掌握有没有成效"。

	美国	英国	德语区国家	印度	巴西	中国	阿联酋	澳大利亚
普通员工	69	67	69	63	80	46	67	64
经理	38	34	39	34	47	27	36	31
高级管理者	35	32	37	43	49	39	37	31

图 22.3　普通员工、经理和高级管理者对这些技能掌握如何？（"比较好"以及"非常好"）

总体来说，巴西再次取得了领先，但这次是美国和德语区国家并列第二。当我们看经理这一项时，在前两项中，巴西无疑是得分最高的国家，其次是德语区国家和美国。在高级管理者方面，印度仅次于巴西，但美国的排名接近垫底。

图 22.4 是一个类似的图表，但它不是查看排名靠前的两个类别，而是查看排名靠后的两个类别。

我们再次看到，中国的受访者在倒数两项中占比最大，其次是澳大利亚和印度。对于经理这一项来说，巴西明显领先于其他国家，德语区国家紧随其后。最后，高级管理者这一项中，澳大利亚在最低两类中所占比例最高，其次是美国和英国。

	美国	英国	德语区国家	印度	巴西	中国	阿联酋	澳大利亚
普通员工	30	32	29	36	18	50	33	36
经理	57	59	55	63	47	69	61	64
高级管理者	61	61	57	56	47	51	60	63

图 22.4 普通员工、经理和高级管理者对这些技能掌握如何？（"一点也不好"以及"一般"）

未来型领导者准备好了吗？

在近 1.4 万个受访人中，只有 1/3 表示他们所在的公司制定了相应的政策和项目以应对未来 10 年的领导力要求。当我向 140 位总裁提出同样的问题时，其中 86 位表示，他们已经制订了有关未来 10 年领导力的计划。其余的人要么关注短期的领导力，要么开诚布公地告诉我，他们根本没有考虑过未来领导者的事。

虽然总裁的回答远比调查结果更乐观，但我们再次看到，大多数员工的看法和他们所相信的，与总裁所说的关注内容之间存在巨大差距。在这种情况下，世界各地的员工所感知和体验到了什么，比总裁们口中他们在做什么更重要。感受即真实，所以如果员工说他们的组织没有为未来的领导者做好准备，那么不管总裁多乐观，员工们依旧没有准备好。

这是一个巨大的机遇，让我们思考我们想要的那种领导者，以及将如何在组织和社会中培养他们。本书阐述了我和其他人的研究，这些研究清楚地表明，当今的领导者没有发挥出他们的潜力，世界各地的公司也没有为我们在职业领域中所见的变化做好准备。我们根本没有储备应对未来的领导者。但是我们可以改变这个现状——你们也可以。

第五篇
成为未来型领导者

第 23 章

知与行

在当今世界，我们很容易关注负面消息，但我在写这本书时感悟最深的便是，未来充满光明。我采访的 CEO 们将九大要点看作未来领导者必备的思维模式和技巧，但我还想增加一条要点：乐观主义。作为一名领导者，你每天醒来都要相信未来会比现在更好，而你可以创造更精彩的未来。保持乐观并不容易。你会陷入工作和生活的日常琐事中，你会更换团队和员工，可能你会调职，甚至转行。无论道路将会引你到何处，你必须保持乐观。未来领导者必须每天早晨醒来后问问自己："我要如何变得更好，如何激发员工的潜力？"

全世界的领导和企业都有很多工作要去完成，但这也意味着只要你行动，便会发掘巨大潜能和机遇。

谢丽尔·帕默尔（Sheryl Palmer）是泰勒·莫里森公司（Taylor Morrison）的 CEO，这家房屋建筑公司共有 2500 多名员工。几年前，她做了一件在人生和职业生涯中非常艰难的事——给公司团队写了两封信。一封信写道："6周后见。"另一封是"成为我的骄傲，完成我们一起打拼的宏伟事业"。谢丽尔得了脑肿瘤，她不确定自己手术后能否回公司工作。她写第一封信是想着，如果手术顺利，她便能在 6 周后回去工作。而如果她无法回去，便寄出第二封信。手术前夜，谢丽尔从佛罗里达飞回家中，会见了泰勒莫里森母公司的董事长，双方最终确定了英国销售流程计划的时间和下一步安排，前提是她能按计划返回公司。这次见面让她安心，因为公司和整个泰勒莫里森团队都会继续向前，稳定发展。谢丽尔知道，那天可能是她在世上度过的最后一夜，而她依然心系员工的前途发展。用谢丽尔自己的话说：

　　尽管我一直认为，我认真生活，充实自己，对人对事都抱着乐观的态度，但生病后我才意识到日常生活的珍贵之处。这次经历让我成为更出色的领导者，因为我能体会到每次互动的重要性，而不会将任何人和事视为理所当然。许多领导者每天都在解决问题，却没有领会商业的黄金法则：员工是为人工作，而不是为公司。领导者的责任是规划商业愿景，制定长远的发展目标，而更要认真经营人际关系和人际交往。有些人也许认为这很难做到，但成为领导者是个人选择，如果你决定选择领导者的身份，那就没有退缩的余地——必须全身心投入。成为领导者不仅指坐在办公室里指挥。它是一种天然的激情，是人生过程中一个神秘的十字路口。但当你真正去实践，你会发现它是世上最有价值的人生旅程。

　　当谢丽尔第一次告诉我这个故事时，我浑身起鸡皮疙瘩。每次我都会将这个故事分享给听众。在格拉斯多上，谢丽尔的 CEO 评级和泰勒·莫里森（Taylor Morrison）的公司评级几乎达到满分，二人也同时获得了其他奖项和认可，这绝非巧合。事实上，泰勒莫里森的公司推荐率高达 94%。谢丽尔的故事和她的发言强调了行动和用心领导的重要性。我希望你们能铭记于心。

　　知与行之间存在巨大差别。阅读到此处，你知道了成为未来领导者所需的全部内容，但你会继续下一步，付诸实践吗？

　　我们生活和工作在一个瞬息万变的世界，这意味着领导者不仅要适应未来，还要创造未来。过去和现在的成功经验不一定适用于未来。领导力的一些核心层面——如创造愿景和执行策略——在 10 年之后也会和现在一样重要。然而，世界领先企业内的前 140 名 CEO 中有多数人认为，领导者需要接受全新的思维模式和技能，以便在 10 年后和更远的未来发挥领导作用。

　　再次提醒，四大思维模式为探索者思维、厨师思维、服务思维和世界公民思维。五大技能为未来主义者技能、尤达技能、翻译者技能、教练技能和科技青年技能。有能力掌握这九大要点并且帮助身边人掌握的领导者定会走向成功，也会带领其领导的组织走向成功。对领导者而言，成功并不意味着创建一个盈利更多的公司。成功是创建一个员工真心愿意每天出勤工作的环境，一个对社会和世界有积极影响的组织，一个永远以人为本的组织。

我近期最爱举的一个例子就是奥比阿（Orbia），它前身是墨西哥化工公司。奥比阿是一家拥有 2.2 万名员工的公司，业务繁多，以农业、建筑和基础设施、聚合物溶液为主。我采访过该公司的 CEO 丹尼尔·马丁瓦勒，以便更加了解该公司的业务内容。墨西哥化工公司经过大刀阔斧的转型、重塑形象后成了现在的奥比阿，新公司把重点放在三件事上：人、地球和利润，这三点的重要性依次递减。现在该公司的全部宗旨就是人性化管理和积极影响世界。领导者们公开表明，公司的未来发展要坚持遵循 6 条标准：优化投资、减少温室气体排放、发展成为创新型的问题解决者、减少废物排放、再提高员工技能和增加管理层的女性占比数。新公司的最大亮点就是它开发了一个"进度条"[①]，这我从未在其他公司身上见过。它是一个动态标志，年年更新，向外展示公司对 6 条标准的实行进度。如果这个"进度条"能在未来形成一个完美的闭环，那公司将获得巨大成功。领导者们知道这不可能发生，但他们仍在努力实现。奥比阿通过这项举措向外表明，自己正致力于让世界变得更美好。

过去，人们曾把领导力看作授予某些人的一个等级或头衔，我们中的许多人仍习惯于这种方式。对未来领导者而言，这是他们必须赢得的东西，而任何想获得的人都拥有机会。此书中所概述的许多技能和思维模式都与当今世界紧密相关，但它们在未来十年甚至以后绝对至关重要。其实，如果领导者拒绝采用此书总结的技能和思维模式，他们不应当担任领导职务。全球现今有数百万的领导者，因此，积极变革的潜力巨大。你需要决定自

---

① "进度条"由呈年轮状的坐标圆环和代表实行进度的闭环组成，其中6条标准呈对称型位于圆环两侧，每年根据实行进度确定各自位置，6个点连成一个闭环，该闭环随公司表现而变，表现越好，闭环越趋于圆形。目前该公司已形成3条闭环。

己想成为什么样的领导者，你愿意向前发展吗？你能以目前的行事作风站稳脚跟吗？

这本书提供了成为未来领导者所需的全部工具。但是，像所有工具一样，工具本身并不能解决问题，解决问题的是使用工具的人。你肯定会问，既然有了工具，接下来应该做些什么呢？明天出门上班时的你还是读这本书之前的你吗？我希望有所改变。下面提供一些你可以采取的实用措施。

定义"领导者"和"领导力"

你如何定义领导力？成为领导者对你而言意味着什么？你心中的伟大领导者是谁，为什么是他？如果你回答不了这些问题，你怎么可能成为领导者呢？你给出的定义可能随时而变，但你必须以某颗"北极星"为起点，它最终会指导你明确自己的身份、你想组成的公司类型以及成为的领导者类型。

领导力的黄金三角

领导者的身份和类型由三部分组成，我称之为领导力的黄金三角（见图 23.1）：信念、思维和行动力。信念是某种你认为或接受为真理的东西。它是你的北极星，也是你的经商（或生活）哲学。思维是你拥有信念之后的思考，行动力是拥有信念和思维之后的所作所为。举例而言，如果你的信念之一是以人为本，那么你会集中思考如何完善社区服务，能做些什么来让员工在工作和生活中更加充实，经济下行期间要如何安抚员工，怎样帮助员工学习和成长？思考之后，行动力会带领你加大对训练性和指导性项目的投资，投入更多时间在一线员工身上，拿出部分收益用来服务本地社区，甚至牺牲股价绩效或工资来关怀员工。如果你的信念之一是领导力即简单的完成业务绩效，那么你的思想和行动也会相应地反映这一点。选择的道路众多，我一直在此书中寻找，希望能指引你走向我所谓正确的道路。

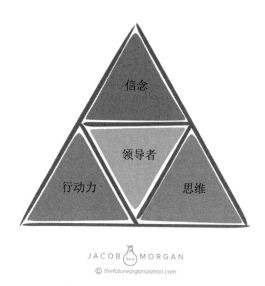

图 23.1　领导力的黄金三角

　　你知道自己的信念是什么吗？你知道它们在你的思维中是如何展现的吗？你的行为是否反映了自己的信念和思维？这 3 个要素紧密相连，相互依存。黄金三角是领导力的绝对核心，它要求你进行适当自省。一旦你问了自己这些问题并对这三要素了如指掌，你需要将其牢牢记在脑海中，每当作出决策、与人交往或考虑新方向时，再回忆自己曾给出的答案，这一点至关重要。如果发现自己的思维和行动与信念不一致，那么这常常预示着，你并未遵循自己的本心而被迫委屈自己。假设你正在吸取此书的观点，千万不要妥协——我向你保证，那并不值得。

　　你可以把这一过程当成在电子游戏里设计形象。如今，许多热门游戏会让你选择一个人物，然后自己为其定制不同的技能和本领。在游戏过程中，你可以选择把奖金投资在不同领域。比如，你想强化人物，会让他操持武器、使用魔法、提高移动速度、增加生命值、加强战斗力、拥有更厉害的防御技能等。如果你在建立自己的领导者形象，你希望成为什么样的人物，你又会投资在哪些领域？

　　作为领导者，你必须思考组织在发展和设立未来领导者时是如何进行筛选的。花些时间琢磨目前的筛选机制是什么，你又是如何看待的。将这些答案写下来，并与你的同辈、同事以及公司指标人力资源部门进行交流。

审视现状

接下来，你得评估自己最急需和最擅长的技能和思维模式。这并不容易，需要内观自省。你可以汲取本杰明·富兰克林的经验，使用本书先前探讨的他对待资产和债务的方法。你应该向团队成员主动要求反馈。因为正如此前结果所示，领导者自评的方式与他人的评价完全不同。

为了解决这个问题，我整合了一张评估表，供你和团队判断自己在未来领导力方面的准备程度。它会让你知道自己在实际操作书中的技能和思维方式时的表现情况，然后提供适当指导。

同样，对于这些技能和思维方式，我建议你和团队及现任领导能坦诚交流。

践行五大技能和四大思维

下一步就是将你从书中所学的技能和思维模式内化成个人领导力运行系统。当你打开电脑、手机或其他设备时，只有等运行系统启动几秒后才能使用。同理，你每天早上"启动"时，需要使用这九大技能和思维模式作为你的运行系统，让整个系统加载进你的头脑、心灵和身体中。现在起开始实践吧——但千万别忘了保持乐观！

任何新知识的学习都需要一定时间去掌握，但你必须开始行动，并坚持到底。本杰明·富兰克林（Benjamin Franklin）曾说"小斧不停大树倒"（水滴石穿），连续不断的细微变化能产生巨大影响。如果你每天只提高 1%，那么到年底你会比最初提高 37 倍。举例而言，你刚开始可以花几分钟阅读新信息来保持工作积极性；回答热议问题时深呼吸，以锻炼同理心；主动向团队要求反馈，以提高自我意识；和他人讨论时不要看电子设备，以此来锻炼沟通能力；作决策前考虑多种可能性，以训练未来主义者思维。当然，这只是开始，但你可以把这些相对简单基础的小事融入生活中，日积月累，它们会慢慢产生变化和有力影响。

约翰·伍登（John Wooden）曾说："每天进步一点点，最终会出现奇迹。

每天训练一点点，最终的训练效果会突飞猛进。不是明天，也不是后天，但终有一天会取得显著成效。不要期望短时间内的巨大变化。而要追求每天的微小进步。这是最终实现质变的唯一方式，一旦发生质变，它便不再消失。"

领导力并不易获得，而成为一名伟大领导者是任何人都能做到的最具挑战的事之一。但和所有严峻挑战一样，领导者的这些挑战值得克服。

组建你的团队

伟大的领导者都会告诉你，他们自身和其企业的成功都归功于旗下的团队。如果你想成为一个出色的未来领导者，你身边必须有能辅佐你的人。领导者可帮助释放被领导者的潜力，但潜力释放是双向的。你的团队同样会释放你作为领导者的潜力。

招揽一群比你优秀、聪明，并专长于你不擅长的领域的人才。这需要袒露弱点和展现自知，两者都在书中探讨过。你身边很容易出现附和、称赞你的人。而让身边聚集一些敢于挑战、质疑你的人，以及一些与你样貌、观点、行为举止、信念不同的人，这需要很大的勇气。

建立自己的团队，他们会助你成为更加出色的领导者。

避免机械度日

我在采访各位 CEO，甚至一些播客上的商业领袖时发现一件格外惊喜的事，我问他们常规的一天意味着什么，他们无从回答。答案总是："我没有这样的一天。"然而，我们多数人都有。我们每天按时起床，按时上班，参加同样的会议，做同类型的工作，身边聚集着同一批人，按时吃午饭，然后按时回家。我们的生活设定为一成不变，非常程序化，夸张点说，像机器人模式。如果你的工作和生活越来越模式化和"常规化"，那么你可能变得越来越无关紧要，失去个人价值。

常言道，如果你想激发创造力和求知欲，锻炼你的大脑，你应该每天都采取不同的方式去工作。这样一来，你会发现新鲜事物，能够处理新挑战和新问题，而不是像往常一样意志消沉。它会让你时刻保持警觉，常备不懈。这一概念也适用于你的真实生活。

但这并不意味着你不能在生活中保持某些模式化的东西或习惯。我这不是提倡你在生活中制造混乱，相反，我希望你能适时适地改变一些事情，让身边聚集新鲜的人和新颖的想法，学习新事物，锻炼和不同团队协作，避免过去、现在和未来都过着千篇一律的生活。当你摆脱常规的一天的想法，你会发现自己成为生活和事业的主导，而不再按部就班地行动。它的取消让你进入一种状态，不断地学习、成长和挑战自我。它同样让你更专注于正在进行的工作中，避免职业倦怠，帮助建立新人际关系，指导你从不同角度看待事物。我采访的商业领导者参与多种多样的项目，会见新客户和新员工，参加各种团队会议，尽所能地确保每天都是新鲜的。领导者通常会保持用相同方式做事的习惯，建立新鲜感是打破常规、突破桎梏的有力手段。

你的一日常规是什么？你要如何让它更加有新鲜感？

引领他人

"领导"是一项团队运动，倘若你在成长进步，而身边人跟不上脚步，这样又有什么好处呢？记住，灯塔的存在并不只为照亮自己，灯塔的首要作用是指引他人。当你思考和接受书中归纳的这些技能和思维模式后，问问自己应该怎么帮助他人做到这些，即使他们学成之后可能比你更成功，这是领导者要接受的最大挑战之一。这样做风险很高，需要极高的情商和勇气。

当身边人比我们更成功，我们会感到焦虑或难过，甚至会产生嫉恨。在这点上，许多领导者的感触更深，尤其当他们帮助对方变得更成功时。背后的原因是什么？如果你有孩子，当他们有能力做你做不到的事，或者他们在某件事上做得比你好，你不会吼向他们说："好大的胆子，我可是你的家长！"恰恰相反，你会非常骄傲、欣喜和有成就感，因为你知道是你帮助他们获得成功。我们需要以这种角度来看待领导。

当你指引他人，反之他人也会指引你。

领导者肩负重任，要创建一个人人愿意按时上班的公司，建立一个让我们为之自豪的世界。你不仅要自己接受和实践此书所归纳的技能和思维模式，而且要指引身边的人照做。成为一名领导者并不容易，但任何值得一做的事都是如此。想象一下，假如所有的领导者都将此书归纳的概念付诸实践，那么他们旗下的公司/企业会是什么样子，将会对世界产生什么影响。你是一名领导者，是旗下企业的灯塔。帮助指引他人走向成功，为其保驾护航。

如果本书对你成为更出色的领导者提供了帮助，请分享给身边怀有同样梦想的人。

继续引领吧！

参 考 文 献

Accenture. "The Promise of Artificial Intelligence: Redefining Management in the Workforce of the Future." 2016. https://www.accenture.com/_acnmedia/PDF-32/AI_in_Management_Report.pdf#zoom=50.

Bailey, Grant. "Nearly Half of British Workers Believe They Could Do a Better Job than Their Boss." *Independent,* November 22, 2017. https://www.independent.co.uk/news/uk/home-news/british-workers-outperform-boss-staff-line-manager-office-politics-onepoll-survey-a8069461.html.

Bailey, Katie. "'Purposeful Leaders' Are Winning Hearts and Minds in Workplaces, Study Finds." University of Sussex. September 7, 2018. http://www.sussex.ac.uk/broadcast/read/40606.

Bariso, Justin. "Google Spent Years Studying Effective Teams. This Single Quality Contributed Most to Their Success." January 7, 2018. https://www.inc.com/justin-bariso/google-spent-years-studying-effective-teams-this-single-quality-contributed-most-to-their-success.html.

Barton, Rachel. "The Power of Brand Purpose." *Accenture.* December 5, 2018. https://www.accenture.com/us-en/insights/strategy/Brand-purpose?c=strat_com petitiveagilnovalue_10437227&n=mrl_1118.

Beck, Randall, and Jim Harter. "Managers Account for 70% of Variance in Employee Engagement." *Gallup Business Journal.* April 21, 2015. https://news.gallup.com/businessjournal/182792/managers-account-variance-employee-engagement.aspx.

Bentley. "For Millennials, Does a Big Paycheck Trump Ethical Responsibility?" Bentley University. October 19, 2018. https://www.bentley.edu/news/millennials-does-big-paycheck-trump-ethical-responsibility.

BetterUp. "Workers Value Meaning at Work; New Research from BetterUp Shows Just How Much They're Willing to Pay for It." *BetterUp.* November 7, 2018. https://www.betterup.co/en-us/about/news-press/press-releases/workers-value-meaning-at-work-new-research-from-betterup-shows-just-how-much-theyre-willing-to-pay-for-it/.

Biddle, Matthew. "Moral Leaders Perform Better—but What's 'Moral' Is up for Debate." University of Buffalo. October 22, 2018. http://www.buffalo.edu/news/news-releases.host.html/

content/shared/mgt/news/moral-leaders-perform-better. detail.html.

Bloomberg. "Dow CEO Fitterling on Managing Diversity and Inclusion in Corporate America." June 25, 2019. https://www.bloomberg.com/news/videos/2019-06-25/dow-ceo-fitterling-on-managing-diversity-and-inclusion-in-corporate-america-video.

Branson, Richard. "What's the Health of Your Success?" *Virgin* 1178. May 2017. www. virgin. com/richard-branson/whats-health-your-success.

Brené, Brown. "Dr Brené Brown: Empathy vs Sympathy." *Twenty-One Toys.* https:// twentyonetoys.com/blogs/teaching-empathy/brene-brown-empathy-vs-sympathy.

Businessolver. "2018 State of Workplace Empathy: Executive Summary." *Businessolver.*2018. https://info.businessolver.com/empathy-2018-executive-summary#gref.

Catalyst. "List: Women CEOs of the S&P 500." *Catalyst.* June 11, 2019. https://www. catalyst. org/research/women-ceos-of-the-sp-500/.

Çelik, Pinar, Martin Storme, Andres Davila, and Nils Myszkowski. (2016). "Work-Related Curiosity Positively Predicts Worker Innovation." *Journal of Management Development* 35. 10.1108/JMD-01–2016–0013.

Clark, Richard E., and Bror Saxberg. "4 Reasons Good Employees Lose Their Motivation." *Harvard Business Review.* March 13, 2019. https://hbr. org/2019/03/4-reasons-good-employees-lose-their-motivation.

Clifton, Jim. "The World's Broken Workplace." Gallup.com. June 13, 2017. https://news. gallup.com/opinion/chairman/212045/world-broken-workplace. aspx?g_source=position1&g_ medium=related&g_campaign=tiles.

Collins, James C. *Good to Great.* London: Random House Business, 2001.

Cross, Jay. *Informal Learning: Rediscovering the Natural Pathways That Inspire Innovation and Performance.* Somerset: Wiley, 2011.

Cushman. "Futurology: The Pace of Technological Change." Cushman & Wakefield. April 25, 2018. http://www.cushmanwakefield.com.au/en-gb/news/2018/04/futurology---the-pace-of-technological-change.

Dailey, Whitney. "2016 Cone Communications Millennial Employee Engagement Study." Cone. November 2, 2016. http://www.conecomm.com/research-blog/2016-millennial-employee-engagement-study#download-the-research.

Dartmouth. "Shackleton's Endurance Expedition: A Crewman's View." Dartmouth Library Muse. https://sites.dartmouth.edu/library/tag/ernest-shackleton/.

DDI. "GlobalLeadershipForecast2018." https://www.ddiworld.com/DDI/media/trend-research/glf2018/global-leadership-forecast-2018_ddi_tr.pdf?ext=.pdf.

DDI. "Ready-Now Leaders." 2014. https://www.ddiworld.com/DDI/media/trend-research/global-leadership-forecast-2014–2015_tr_ddi.pdf?ext=.pdf.

DDI. "State of Leadership Development 2015." 2015. http://www.ddiworld.com/DDI/media/trend-research/state-of-leadership-development_tr_brandon-hall.pdf.

De Luce, Ivan. "Researchers Studied the Health of 400,000 Americans and Found That Bad

Bosses May Actually Be Giving You Heart Disease." July 9, 2019. https://www.businessinsider. com/toxic-workplaces-bad-bosses-low-trust-link-to-cardiovascular-disease-2019–7.

Decarufel, Andre. "Four Ways to Become a Global Leader." *Globe and Mail,* May 12, 2018. www.theglobeandmail.com/report-on-business/careers/leadership-lab/what-does-it-really-take-to-think-globally/article17120824/.

Dell. "Realizing 2030: A Divided Vision of the Future." 2017. https://www. delltechnologies. com/content/dam/delltechnologies/assets/perspectives/2030/pdf/Realizing-2030-A-Divided-Vision-of-the-Future-Summary.pdf.

Deloitte University Press. "Global Human Capital Trends 2016." 2016. https://www2. deloitte. com/content/dam/Deloitte/be/Documents/human-capital/gx-dup-global-human-capital-trends-2016. pdf.

Deloitte. "Thinking Global: Global Agility and the Development of a Global Mind-set." 2015. www2.deloitte.com/content/dam/Deloitte/uk/Documents/tax/deloitte-uk-global-mindset-nov-2015. pdf.

Deloitte. "Deloitte Global Millennial Survey 2019." May 24, 2019. https://www2. deloitte. com/global/en/pages/about-deloitte/articles/millennialsurvey.html.

Deloitte. "Shift Forward: Redefining Leadership." June 2018. https://www2.deloitte. com/content/dam/Deloitte/us/Documents/about-deloitte/us-shift-forward. pdf.

Di Toro, Mark. "Bad Bosses: Glassdoor Survey Reveals Worst Manager Habits: Glassdoor Blog." Glassdoor UK. May 17, 2017. https://www.glassdoor.co.uk/blog/bad-bosses-glassdoor-survey-reveals-worst-manager-habits/.

Diversity Best Practices. "Global Mindset." www.diversitybestpractices.com/sites/ diversitybestpractices.com/files/attachments/2017/08/03a_competencies_global_ mindset.pdf.

Downes, Larry. "Why Best Buy Is Going out of Business...Gradually." January 2, 2012. https://www.forbes.com/sites/larrydownes/2012/01/02/why-best-buy-is-going-out-of-business-gradually/#48916bce236c.

Dweck, Carol S. *Mindset: The New Psychology of Success*. New York: Random House, 2016. Edgecliffe-Johnson, Andrew. "Women Hold Fewer than 5% of CEO Positions in US and Europe." *Financial Times,* December 9, 2018. https://www.ft.com/content/1090105c-fb7b-11e8-aebf-99e208d3e521.

Eisenstaedt, Lee. "Organizational Pace of Change: Thriving in Our Fast Paced World." *Financial Poise,* October 5, 2018. https://www.financialpoise.com/organizational-pace-of-change-surviving-and-thriving-in-our-fast-paced-world/.

Espedido, Juliet BourkeAndrea. "Why Inclusive Leaders Are Good for Organizations, and How to Become One." *Harvard Business Review.* March 29, 2019. https://hbr. org/2019/03/why-inclusive-leaders-are-good-for-organizations-and-how-to-become-one.

Ethics. "Interactive Maps." Ethics & Compliance Initiative. 2018. https://www.ethics.org/ knowledge-center/interactive-maps/.

Eurich, Tasha. "What Self-Awareness Really Is (and How to Cultivate It)." *Harvard Business*

Review. January 4, 2018. https://hbr.org/2018/01/what-self-awareness-really-is-and-how-to-cultivate-it.

Eurich, Tasha. *Insight: The Surprising Truth about How Others See Us, How We See Ourselves, and Why the Answers Matter More than We Think.* New York: Currency, 2018.

EY. "Global Generations 3.0: A Global Study on Trust in the Workplace." 2016. https://www.ey.com/Publication/vwLUAssets/ey-could-trust-cost-you-a-generation-of-talent/$FILE/ey-could-trust-cost-you-a-generation-of-talent.pdf.

Folkman, Joseph. "5 Business Payoffs for Being an Effective Coach." *Forbes.* February 19, 2015. https://www.forbes.com/sites/joefolkman/2015/02/19/5-business-payoffs-for-being-an-effective-coach/#464172a92afb.

Forbes. "Global 2000: The World's Largest Public Companies 2019." *Forbes.* May 15, 2019. www.forbes.com/global2000/#10987b2335d8.

Frankl, Viktor E. *Man's Search for Meaning: An Introduction to Logotherapy.* New York: Simon & Schuster, 1984.

Friedman, Milton. "The Social Responsibility of Business Is to Increase Its Profits." *New York Times Magazine.* September 13, 1970. http://umich.edu/~thecore/doc/Friedman.pdf.

Gallup. "2018 Global Great Jobs Briefing." 2018. https://news.gallup.com/reports/233375/gallup-global-great-jobs-report-2018.aspx.

Gentry, William A., Todd J. Weber, and Golnaz Sadri. "Empathy in the Workplace: A Tool for Effective Leadership." 2016. https://www.ccl.org/wp-content/uploads/2015/04/EmpathyInTheWorkplace.pdf.

Giles, Sunnie. "The Most Important Leadership Competencies, According to Leaders Around the World." *Harvard Business Review.* March 15, 2016. https://hbr.org/2016/03/the-most-important-leadership-competencies-according-to-leaders-around-the-world.

Gino, Francesca. "Why Curiosity Matters." *Harvard Business Review.* September– October 2018. https://hbr.org/2018/09/curiosity.

Glassdoor. "Glassdoor Study Reveals What Job Seekers Are Really Looking for." July 25, 2018. https://www.glassdoor.com/employers/blog/salary-benefits-survey/.

Globoforce. "Bringing More Humanity to Recognition, Performance, and Life at Work." 2017. http://www.globoforce.com/wp-content/uploads/2017/10 WHRI_2017Survey ReportA.pdf.

Goleman, Daniel. "What Makes a Leader?" *Harvard Business Review.* January 2004. https://hbr.org/2004/01/what-makes-a-leader.

Goleman, Daniel. *Emotional Intelligence: Why It Can Matter More than IQ* and *Working with Emotional Intelligence.* London: Bloomsbury, 2004.

Google. "Diversity: Google." https://diversity.google/.

Haas, Martine, and Mark Mortensen. "The Secrets of Great Teamwork." *Harvard Bus iness Review.* June 2016. https://hbr.org/2016/06/the-secrets-of-great-teamwork.

Hackman, J. Richard. "What Makes for a Great Team?" June 2004. https://www.apa.org/science/about/psa/2004/06/hackman.

Hamilton, Isobel Asher. "Facebook Is Going to Start Awarding Bonuses to Employees Who Help the Firm Achieve 'Social Good.'" February 6, 2019. https://www. businessinsider.com/facebook-to-award-employee-bonuses-for-social-good-2019–2.

Harter, Jim, and Amy Adkins. "Employees Want a Lot More From Their Managers." April 8, 2015. https://www.gallup.com/workplace/236570/employees-lot-managers.aspx.

Harter, Jim. "Dismal Employee Engagement Is a Sign of Global Mismanagement." December 13, 2017. https://www.gallup.com/workplace/231668/dismal-employee-engagement-sign-global-mismanagement.aspx.

Holmes. "The Cost of Poor Communications." July 16, 2011. https://www. holmesreport.com/latest/article/the-cost-of-poor-communications.

Horwitch, Mark, and Meredith Whipple Callahan. "How Leaders Inspire: Crack-ing the Code." June 9, 2016. https://www.bain.com/insights/how-leaders-inspire-cracking-the-code.

IBM. "IBM Leadership, Learning & Inclusion." https://www.ibm.com/case-studies/ibm-leadership-learning-inclusion-manager-engagement.

Imperative. "2016 Workforce Purpose Index." 2016. https://cdn.imperative.com/media/public/Global_Purpose_Index_2016.pdf.

Ingraham, Christopher. "Your Boss Has a Huge Effect on Your Happiness, Even When You're Not in the Office." *Washington Post.* October 9, 2018. https://www. washingtonpost.com/business/2018/10/09/your-boss-has-huge-effect-your-happiness-even-when-youre-not-office/?utm_term=.352176c17846.

Irish Times. "'I've Never Used a Computer,' Says Japan's New Cybersecurity Minister." November 15, 2018. https://www.irishtimes.com/news/world/asia-pacific/i-ve-never-used-a-computer-says-japan-s-new-cybersecurity-minister-1.3698624.

Kashdan, Todd. "State of Curiosity Report 2018." Merck KGaA. 2018. https://www. emdgroup.com/en/company/curiosity/curiosity-report.html.

Kashdan, Todd, et al. "The Five-Dimensional Curiosity Scale: Capturing the Bandwidth of Curiosity and Identifying Four Unique Subgroups of Curious People." *Journal of Research in Personality.* December 2017. https://www.academia.edu/37011226/The_five-dimensional_curiosity_scale_Capturing_the_bandwidth_of_curiosity_ and_identifying_four_unique_subgroups_of_curious_people.

Kaufman, Caroline Zaayer. "How to Answer the Job Interview Question: 'What Do You Think of Your Previous Boss?'" Monster. 2018. https://www.monster.com/career-advice/article/former-boss-job-interview.

Keller, Scott, and Mary Meaney. "Attracting and Retaining the Right Talent." *McKinsey & Company*, November 2017. www.mckinsey.com/business-functions/organization/our-insights/attracting-and-retaining-the-right-talent.

Keller, Valerie. "The Business Case for Purpose." *Harvard Business Review.* 2015. https://hbr.org/resources/pdfs/comm/ey/19392HBRReportEY.pdf.

Knott, Anne Marie. "The Real Reasons Companies Are So Focused on the Short Term."

Harvard Business Review. December 13, 2017. https://hbr.org/2017/12/the-real-reasons-companies-are-so-focused-on-the-short-term.

Kong, Cynthia. "Quitting Your Job." Robert Half. July 9, 2018. https://www.roberthalf. com/blog/salaries-and-skills/quitting-your-job.

Korn Ferry. "Developing Global Leaders." Korn Ferry. August 11, 2014. https://www. kornferry.com/institute/developing-global-leaders.

Korn Ferry. "The $8.5 Trillion Talent Shortage." Korn Ferry. May 9, 2018. https://www. kornferry.com/institute/talent-crunch-future-of-work.

Korn Ferry. "Worried Workers: Korn Ferry Survey Finds Professionals Are More Stressed Out at Work Today Than 5 Years Ago." *Business Wire.* November 8, 2018. https://www.businesswire. com/news/home/20181108005286/en/Worried-Workers-Korn-Ferry-Survey-Finds-Professionals.

Korn Ferry. "From Soft Skills to EI." 2017. http://engage.kornferry.com/Global/FileLib/EI_ research_series/KFHG-EI_Report_series-1.pdf.

Kramer, R. "Leading by Listening: An Empirical Test of Carl Rogers's Theory of Human Relationship Using Interpersonal Assessments of Leaders by Followers." Doctoral dissertation. George Washington University, 1997.

Kwoh, Leslie. "When the CEO Burns Out." *Wall Street Journal,* May 7, 2013. https://www.wsj. com/articles/SB10001424127887323687604578469124008524696.

Label Insight. "2016 Transparency ROI Study." 2016. https://www.labelinsight.com/ transparency-roi-study.

Lara, Veronica. "What the Internet of Things Means for Consumer Privacy." *Economist,* March 22, 2018. eiuperspectives.economist.com/technology-innovation/what-internet-things-means-consumer-privacy-0/white-paper/what-internet-things-means-consumer-privacy.

Larson, Erik. "New Research: Diversity Inclusion = Better Decision Making at Work." September 21, 2017. https://www.forbes.com/sites/eriklarson/2017/09/21/new-research-diversity-inclusion-better-decision-making-at-work/#4ccc0c4c4cbf.

Lazard. "Levelized Cost of Energy and Levelized Cost of Storage 2018." Lazard. November 8, 2018. https://www.lazard.com/perspective/levelized-cost-of-energy-and-levelized-cost-of-storage-2018/.

Leslie, Jean Brittain. "The Leadership Gap." Center for Creative Leadership. 2015. https:// www.ccl.org/wp-content/uploads/2015/04/leadershipGap.pdf.

Levin, Marissa. "Why Great Leaders (Like Richard Branson) Inspire Instead of Motivate." *Inc.* March 30, 2017. https://www.inc.com/marissa-levin/why-great-leaders-like-richard-branson-inspire-instead-of-motivate.html.

LinkedIn Learning. "2018 Workplace Learning Report." 2018. https://learning. linkedin.com/ resources/workplace-learning-report-2018.

Lippincott, Matthew. "Effective Leadership Starts with Self-Awareness." April 17, 2018. https://www.td.org/insights/effective-leadership-starts-with-self-awareness.

L'Oréal Group. "Diversity and Inclusion—L'Oréal Group." L'Oréal, www.loreal.ca/group/

diversities.

Lorenzo, Rocio, Miki Tsusaka, Matt Krentz, and Katie Abouzahr. "How Diverse Leadership Teams Boost Innovation." January 23, 2018. https://www.bcg. com/en-us/publications/2018/how-diverse-leadership-teams-boost-innovation.aspx.

LRN. "The State of Moral Leadership in Business Report 2018." LRN. 2018. https://content. lrn.com/research-insights/2018-the-state-of-moral-leadership-in-business.

LRN. "LRN Ethics Study: Employee Engagement." 2007. https://assets.hcca-info.org/ Portals/0/PDFs/Resources/library/EmployeeEngagement_LRN.pdf.

Maddux, William W., and Galinsky, Adam D. (2009). "Cultural Borders and Mental Barriers: The Relationship Between Living Abroad and Creativity." *Journal of Personality and Social Psychology*, 96, 1047–61. 10.1037/a0014861.

Manpower. "Solving the Talent Shortage." ManpowerGroup. 2018. https://go. manpowergroup. com/talent-shortage-2018.

Matsakis, Louise. "Amazon Pledges $700 Million to Teach Its Workers to Code." *Wired.* July 11, 2019. https://www.wired.com/story/amazon-pledges-700-million-training-workers/.

Maxwell, John C. "Why John Wooden's Teams Won." March 17, 2017. https://www. success. com/john-c-maxwell-why-john-woodens-teams-won/.

Mayo Clinic. "Know the Signs of Job Burnout." https://www.mayoclinic.org/healthy-lifestyle/ adult-health/in-depth/burnout/art-20046642.

McChrystal, Stanley A., Tantum Collins, David Silverman, and Chris Fussell. *Team of Teams: New Rules of Engagement for a Complex World.* New York: Portfolio/Penguin, 2015.

McKinsey. "Delivering Through Diversity." January 2018. https://www.mckinsey. com/~media/McKinsey/Business Functions/Organization/Our Insights/Delivering through diversity/Delivering-through-diversity_full-report.ashx.

McKinsey. "The World at Work: Jobs, Pay, and Skills for 3.5 Billion People." McKinsey & Company. June2012. https://www.mckinsey.com/featured-insights/employment-and-growth/the-world-at-work.

Mercer. "People First: Mercer's 2018 Global Talent Trends Study." Mercer. May 28, 2018. https://www.mercer.com/our-thinking/career/voice-on-talent/people-first-mercers-2018-global-talent-trends-study.html.

Mindset Works. "Decades of Scientific Research That Started a Growth Mindset Revolution." Mindset Works. www.mindsetworks.com/science/.

Morgan, Blake. "7 Examples of How Digital Transformation Impacted Business Performance." *Forbes.* July 21, 2019. www.forbes.com/sites/blakemorgan/2019/07/21/7-examples-of-how-digital-transformation-impacted-business-performance/#59e090b651bb.

Mosadeghrad, Ali, and Masoud Ferdosi. "Leadership, Job Satisfaction and Organizational Commitment in Healthcare Sector: Proposing and Testing a Model." *Materia Socio Medica* 25, no. 2 (2013). doi:10.5455/msm.2013.25.121–126.

Nyberg A., Alfredsson L., Theorell T., Westerlund H., Vahtera J., and Kivimäki M. "Managerial

Leadership and Ischaemic Heart Disease Among Employees: The Swedish WOLF Study." *Occup Environ Med.* 66(1):51–55 (2009). doi:10.1136/oem.2008.039362. Correction published in *Occup Environ Med.* 66(9):640 (2009).

Organisation for Economic Co-operation and Development. "Employment/Self-Employment Rate/OECD Data." https://data.oecd.org/emp/self-employment-rate. htm.

Ou, Amy Y., David A. Waldman, and Suzanne J. Peterson. "Do Humble CEOs Matter? An Examination of CEO Humility and Firm Outcomes." *Journal of Management* 20. 2015. https://createvalue.org/wp-content/uploads/Do-Humble-CEOs-Matter.pdf.

PBS. "Shackleton's Voyage of Endurance." PBS. March 26, 2002. https://www.pbs. org/wgbh/nova/transcripts/2906_shacklet.html.

Predictive Index. "The Predictive Index People Management Study." 2018. https://www. predictiveindex.com/management-survey-2018/.

Puiu, Tibi. "Your Smartphone Is Millions of Times More Powerful Than All of NASA's Combined Computing in 1969." *ZME Science.* February 15, 2019. https://www. zmescience.com/research/technology/smartphone-power-compared-to-apollo-432/.

PwC. "20th CEO Survey." 2017. https://www.pwc.com/gx/en/ceo-survey/2017/pwc-ceo-20th-survey-report-2017.pdf.

PwC. "22nd Annual Global CEO Survey." 2019. https://www.pwc.com/gx/en/ceo-survey/2019/report/pwc-22nd-annual-global-ceo-survey.pdf.

PwC. "Diversity & Inclusion Benchmarking Survey." 2017. https://www.pwc.com/gx/en/services/people-organisation/global-diversity-and-inclusion-survey/cips-report.pdf.

Randstad. "87 Percent of U.S. Workers Say a Multigenerational Workforce Increases Innovation and Problem Solving." August 7, 2018. https://www.randstadusa.com/about/news/87-percent-of-us-workers-say-a-multigenerational-workforce-increases-innovation-and-problem-solving/.

RandstadUSA. "Your Best Employees Are Leaving, but Is It Personal or Practical?" August 28, 2018. https://www.randstadusa.com/about/news/your-best-employees-are-leaving-but-is-it-personal-or-practical/.

RandstadUSA. "4 Ways to Be a Better Boss." https://rlc.randstadusa.com/for-business/learning-center/employee-retention/4-ways-to-be-a-better-boss-1.

Relihan, Tom. "How Going out Can Spur Outside-the-box Thinking." September 18, 2018. https://mitsloan.mit.edu/ideas-made-to-matter/how-going-out-can-spur-outside-box-thinking?utm_campaign=intercultural&utm_medium=social&utm_source=mitsloantwitter.

Reward Gateway. "New Research Reveals Breakdown between Employees and Employer in Recognition, Trust and Communication of Mission and Values." February 5, 2018. https://www. rewardgateway.com/press-releases/new-research-reveals-breakdown-between-employees-and-employer-in-recognition-trust-and-communication-of-mission-and-values.

Reynolds, Alison. "Teams Solve Problems Faster When They're More Cognitively Diverse." *Harvard Business Review.* March 30, 2017. https://hbr.org/2017/03/teams-solve-problems-fasterwhen-theyre-more-cognitively-diverse.

Robert Half. "Employers Fear 4.5m Workers Could Be on the Move This Year." April 12, 2018. https://www.roberthalf.co.uk/press/employers-fear-45m-workers-could-be-move-year.

Rubenstein, David. "The David Rubenstein Show: Indra Nooyi." November 23, 2016. https://www.bloomberg.com/news/videos/2016–11–23/the-david-rubenstein-show-indra-nooyi.

Safaei, Bardia, Amir Mahdi Monazzah, Milad Barzegar Bafroei, and Alireza Ejlali. 2017. "Reliability Side-Effects in Internet of Things Application Layer Protocols." *International Conference on System Reliability and Safety.* 10.1109/ICSRS.2017.8272822.

SIS International. "SMB Communications Pain Study White Paper." https://www.sisinternational.com/smb-communications-pain-study-white-paper-uncovering-the-hidden-cost-of-communications-barriers-and-latency/.

Smith, Casey. "Promote Ethics and Employee Engagement, Get Smart Training Executive Says." *Tulsa World.* March 24, 2017. https://www.tulsaworld.com/business/employment/promote-ethics-and-employee-engagement-get-smart-training-executive-says/article_f900f41f-16dc-50e4–8485-d7bd8a4c2677.html.

Solomon, Lou. "Why Leaders Struggle with Workplace Feedback." February 11, 2016. http://interactauthentically.com/why-leaders-struggle-to-give-employees-feedback/.

TalentSmart. "About Emotional Intelligence." https://www.talentsmart.com/about/emotional-intelligence.php.

Tanner, Robert. "How Much Does Good Leadership Affect the Bottom-Line?" Management Is a Journey. February 18, 2018. https://managementisajourney.com/fascinating-numbers-how-much-does-good-leadership-affect-the-bottom-line/.

Udemy. "2018 Millennials at Work Report." 2018. https://research.udemy.com/wp-content/uploads/2018/06 /Udemy_ 2018 _M easuring_M il lenni als_ Report_20180618.pdf.

Ultimate Software. "New National Study Conducted by Ultimate Software Reveals Need for Greater Focus on Manager–Employee Relationships." December 4, 2017. https://www.ultimatesoftware.com/PR/Press-Release/New-National-Study-Conducted-by-Ultimate-Software-Reveals-Need-for-Greater-Focus-on-Manager-Employee-Relationships.

Ulukaya, Hamdi. "The Anti-CEO Playbook." TED Talk. May 22, 2019. https://www. ted.com/talks/hamdi_ulukaya_the_anti_ceo_playbook/transcript?language=en.

US Census Bureau. "Older People Projected to Outnumber Children." United States Census Bureau. March 13, 2018. https://www.census.gov/newsroom/press-releases/2018/cb18–41-population-projections.html.

Vesty, Lauren. "Millennials Want Purpose Over Paychecks, So Why Can't We Find It at Work?" *Guardian.* September 14, 2016. https://www.theguardian.com/sustainable-business/2016/sep/14/millennials-work-purpose-linkedin-survey.

Vozza, Stephanie. "Why Employees at Apple and Google Are More Productive." March 13, 2017. https://www.fastcompany.com/3068771/how-employees-at-apple-and-google-are-more-productive.

Walker. "Customers 2020: The Future of B-to-B Customer Experience." 2013. https://www.walkerinfo.com/Portals/0/Documents/Knowledge Center/Featured Reports/WALKER-Customers2020.pdf.

Wellins, Rich. "Global Leadership Development? No Easy Task." Association for Talent Development. June 15, 2016. https://www.td.org/insights/global-leadership-development-no-easy-task.

Wigert, Ben. "Re-Engineering Performance Management." 2017. https://www.gallup.com/workplace/238064/re-engineering-performance-management.aspx.

Wilcox, Laura. "Emotional Intelligence Is No Soft Skill." Harvard Extension School: Professional Development. https://www.extension.harvard.edu/professional-development/blog/emotional-intelligence-no-soft-skill.

Wilson, H. James. "How Humans and AI Are Working Together in 1,500 Companies." *Harvard Business Review.* June–July 2018. https://hbr.org/2018/07/collaborative-intelligence-humans-and-ai-are-joining-forces.

Winkler, Becky. "New Study Shows Nice Guys Finish First." *AMA.* January 24, 2019. https://www.amanet.org/articles/new-study-shows-nice-guys-finish-first/.

Wooden, John. " Motivational Quotes: Success." www.thewoodeneffect.com/motiva tional-quotes/.

World Bank. "Self-Employed, Total (% of Total Employment) (Modeled ILO Estimate)." https://data.worldbank.org/indicator/SL.EMP.SELF.ZS?view=chart.

Wrike. "Wrike Happiness Index, Compensation." 2019. https://cdn.wrike.com/ebook/2019_UK_Happiness_Index_Compensation.pdf.

Zenger, Jack, and Joseph Folkman. "What Great Listeners Actually Do." *Harvard Business Review.* July 14, 2016. https://hbr.org/2016/07/what-great-listeners-actually-do.

Zenger, Jack, and Joseph Folkman. "The Inspiring Leader." 2015. https://zengerfolkman.com/wp-content/uploads/2019/04/White-Paper_-Unlocking-The-Secret-Behind-How-Extraordinary-Leaders-Motivate.pdf.

Zenger, Jack. "Great Leaders Can Double Profits, Research Shows." *Forbes.* January 15, 2015. https://www.forbes.com/sites/jackzenger/2015/01/15/great-leaders-can-double-profits-research-shows/#3ceea3026ca6.

Zillman, Claire. "The Fortune 500 Has More Female CEOs Than Ever Before." *Fortune.* May 16, 2019. https://fortune.com/2019/05/16/fortune-500-female-ceos/.

致　谢

　　我写的每一本书都伴随着一个重大的人生事件。写《合作型组织》时，我订婚了；写《工作的未来》时，我结婚了；写《员工体验优势》时，我成为一名父亲。现在，我的妻子布莱克和我正期待着第二个孩子的降生，是一个男孩！

　　如果没有对140多位CEO的访谈，本书难以顺利出版。他们愿意花时间与我分享他们的见解和观点，让我可以与你们分享，对此我深表感谢。此外，这些CEO的团队成员们积极协调、安排，为本书使用的一些材料申请使用许可，这里也要对他们一并表示感谢。

　　感谢领英团队的索菲、科琳、苏齐和丹，他们认可本研究并同意与我合作，一同调查世界各地近1.4万名员工。

　　感谢来自Emergent Research的史蒂夫·金，谢谢你对本书的研究提出建议和指导。

　　感谢约翰威立出版集团，特别感谢彼得、珍妮、薇琪和维多利亚，是你们促成了本书的顺利出版。

　　帮助我管理业务的团队们，我想对你们说：你们都很棒。梅根，谢谢你帮助协调安排一切，你简直是最佳助手！艾伦，多年来，我很幸运能和你一起从事创意方面的工作，感谢你为本书提供的精彩封面和插图。弗拉克，你的设计和创意总是能激发我的创作热情。米歇尔，你总是在内容和研究方面给我提供很大的帮助。阿卜杜拉，谢谢你提供的内容和数据研究。米拉，谢谢你为我做的网络形象管理！ 弗拉达，谢谢你花了无数个小时剪辑音频和视频。德鲁，谢谢你在商业战略上的指导和支持。查理，谢谢你为我设计了精彩的网站！

凯伦·哈德威克和每一位为我引荐了（或试图引荐）适合本书访谈的 CEO 们的人，感谢你们为此付出的时间和努力。

在洛杉矶和澳大利亚的家人，我爱你们，感谢你们一直以来的支持和鼓励。

最后，感谢读者朋友一直聆听我的想法，阅读我的书，参加我的演讲，从世界各地向我发来你们的故事，向我送出支持和鼓励。有你们在，所有的努力都是值得的！

其 他 资 源

未来领导者评估

关于书中提到的技能和心态，你目前已经进行了哪些有效的实践？哪些方面需要改进？为了帮助你弄清楚这一点，我整理了一份评估表。这份评估表将让你对哪里需要改进有一个基础的认识。但请记住，只有诚实地回答，评估才是有意义的！

领导力重置

想从世界顶级 CEO 那里学到秘密的领导技巧、提示和策略吗？我准备了一项额外奖励，真诚和你分享一个为期 31 天的免费指导项目。

以下是操作流程。注册后，你会收到一系列视频，每天一个，持续 31天。每段视频的长度在 3 ～ 5 分钟，分享了许多 CEO 的经验、诀窍、技巧或策略。这些是没有写进书中的内容，但我想和你分享，作为购买本书的特别感谢。

关 于 作 者

15 年前，在经历糟糕的打工生涯后，雅各布决定自立门户，建立人们真正想去工作的企业。如今，雅各布成为一名畅销书作家，同时也是全世界在领导力、未来工作与协作、员工体验领域首屈一指的权威人士。他曾与微软、迪士尼、普华永道、百事可乐、万事达卡、IBM 等企业合作过，是一位大红大紫的主题发言人和顾问。作为一名受过专业训练的未来学家，雅各布的见解经常出现在《福布斯》《Inc.》《华尔街日报》《快公司》和《哈佛商业评论》等各种刊物上。雅各布还主持了一档名为"与雅各布·摩根合作的未来"的获奖播客，采访了众多世界顶级商业领袖。

雅各布和他的妻子、女儿和两只约克救援犬住在加利福尼亚的阿拉米达。